Holger Waide

Evaluierung der Einsatzmöglichkeiten von Web Services für die Datenversorgung eines Managementreportings

Diplomica® Verlag GmbH

Waide, Holger: Evaluierung der Einsatzmöglichkeiten von Web Services für die Datenversorgung eines Managementreportings, Hamburg, Diplomica Verlag GmbH 2007

ISBN: 978-3-8366-5430-2
Druck Diplomica® Verlag GmbH, Hamburg, 2007
Zugl. Private FernFachhochschule Darmstadt, Darmstadt, Deutschland, Diplomarbeit, 2007

Bibliografische Information der Deutschen Bibliothek
Die Deutsche Bibliothek verzeichnet diese Publikation in der Deutschen Nationalbibliografie;
detaillierte bibliografische Daten sind im Internet über
<http://dnb.ddb.de> abrufbar.

© Diplomica Verlag GmbH
http://www.diplom.de, Hamburg 2007
Printed in Germany

Inhaltsverzeichnis

Abbildungsverzeichnis

Abkürzungsverzeichnis

AIS	Analytisches Informationssystem
API	Application Program Interface
B2E	Business to Employee
BAM	Business Activity Monitoring
BAPI	Business Application Programming Interface
BEx	Business Explorer
BI	Business Intelligence
BIT	Business Intelligence Tool
BPEL4WS	Business Process Execution Language for Web Services
BPM	Business Performance Management
BSC	Balanced Scorecard
BW	Business Warehouse
CIS	Chefinformationssystem
CPM	Corporate Performance Management
DBMS	Datenbase Management System
DM	Data Mining
DSS	Data Support System
DWH	Data Warehouse
EAI	Enterprise Application Integration
EII	Enterprise Information Integration
EIS	Executive Information System
EPM	Enterprise Performance Management
ESS	Executive Support System
EUS	Entscheidungsunterstützungssystem
EVA	Economic Value Added
ETL	Extraktion, Transformation, Laden
FIS	Führungsinformationssystem
GuV	Gewinn- und Verlustrechnung
HR	Human Resources
HTTP	HyperText Transfer Protocol
HTTPS	HyperText Transfer Protocol over Secure Sockets Layer
IT	Informationstechnologie
JDBC	Java Database Connectivity
JSR	Java Specification Request
KPI	Key Performance Indicator
MIS	Management Information System
MRS	Management Reporting System
ODBC	Open Database Connectivity
ODBO	OLE DB for OLAP/Object Linking and Embedding Database for OLAP
o. J.	ohne Jahr
OLAP	Online Analytical Processing
o. S.	ohne Seite
PL/SQL	Procedural Language/Structured Query Language
RFC	Remote Function Call
ROCE	Return on Capital Employed
SEM	Strategic Enterprise Management
SEM-BCS	Business Consolidation
SEM-BPS	Business Planning and Simulation

SEM-CPM	Corporate Performance Monitor
SMTP	Simple Mail Transport Protocol
SOA	Serviceorientierte Architektur
SOAP	Simple Object Access Protocol
SQL	Structured Query Language
UDDI	Universal Description Discovery and Integration
UDF	User Defined Function
URI	Uniform Resource Identifier
VIS	Vorstandsinformationssystem
WS	Web Service
WSDL	Web Services Description Language
WSRP	Web Service Remote Portals
XML	eXtensible Markup Language
XML/A	eXtensible Markup Language for Analysis

1 Einleitung

1.1 Zielstellung der Arbeit

Mit „Managementreporting" und „Web Services" (WS) macht der Titel der vorliegenden Arbeit gleich auf zwei derzeit sehr populäre Begriffe aus den Wissenschaftsgebieten der Betriebswirtschaft bzw. der Informatik aufmerksam und überführt sie in einen gemeinsamen Kontext.

Ein Managementreporting umfasst in einer ersten Näherung alle die Tätigkeiten, Methodiken und Instrumente, die dazu dienen, die obere Führungsebene eines Unternehmens mit entscheidungsrelevanten Informationen zu versorgen. Die pauschale Aussage, dass sich der Informationsbedarf von Führungskräften in den letzten Jahren erheblich erhöht hat, ist sicherlich unstrittig. Das liegt zum einen an der Dynamik der Märkte, die gerade durch die Globalisierung in nahezu allen Produktions- und Dienstleistungsbereichen einen enormen Schub erlebt hat. Zum anderen sind in der heutigen Zeit aber auch die formalen Randbedingungen für ein Managementreporting bezüglich der verschiedenen Rechnungslegungsvorschriften und aufgrund der regulatorischen Konsequenzen als Folge der Skandale um Enron oder Worldcom im Vergleich zum Beginn dieses Jahrzehnts in hohem Maße verändert. Diese beiden Einflussbereiche führen dazu, dass international agierende Unternehmen, gleich welcher Größe, eine größere Menge an Informationen in höherer Qualität und in immer kürzeren Zeitabständen sammeln und verarbeiten müssen.

Um dieser Entwicklung gerecht zu werden, war und ist auch die Informations-technologie (IT) gefordert, entsprechende technologische Möglichkeiten anzubieten. Eine entscheidende Rolle spielt dabei die Data Warehouse-Technologie. Mit ihr ist es möglich, eine große Menge an Daten mit dem spezifischen Ziel der optimierten Aufbereitung für Reporting- und Analysezwecke zu speichern und zu verarbeiten. Verschiedene Varianten von Frontendlösungen, mit denen die Daten angezeigt werden, runden diese Technologie ab. Grundsätzlich ist es möglich, alle entscheidungsrelevanten Informationen in einem Data Warehouse zu vereinen. Dennoch ist es vor dem Hintergrund der damit verbundenen Implementierungskosten fraglich, ob dies tatsächlich für alle Informationsbereiche rein kostenrechnerisch sinnvoll ist. Zudem stellt sich die Frage, ob die jeweils betrachtete Data Warehouse-Technologie auch tatsächlich in der Lage ist, über entsprechende Schnittstellen-Technologien alle relevanten

Informationen aus den Quellsystemen einer meist heterogenen Systemlandschaft eines Unternehmens zu extrahieren.

An dieser Stelle treffen die beiden Arbeitsbereiche „Managementreporting" und „Web Services" zusammen. Web Services stellen bestimmte Funktionalitäten oder aber auch Daten für die Weiterverwendung und -verarbeitung in anderen Systemen über das Web zur Verfügung. Damit lassen sich viele Szenarien der Zusammenarbeit über System- und Unternehmensgrenzen hinweg auf Basis von Web-Technologien abbilden. Die sich damit abzeichnende Vielfalt der Anwendungsmöglichkeiten von Web Services ist in der vorliegenden Arbeit jedoch auf den Aspekt der Nutzung im Rahmen eines Managementreportings und damit grundsätzlich nur innerhalb eines Unternehmens eingeschränkt. Des Weiteren untersucht die Arbeit gezielt, welche Möglichkeiten sich in diesem Kontext für die Datenversorgung eines Managementreportings entweder als Alternative oder als Ergänzung zu konventionellen Technologien wie dem Data Warehousing bieten. Im Zusammenhang mit der Datenversorgung für Reportingzwecke handelt es sich aus der Sicht des Informationsmanagements bei der Web Service-Technologie um ein verhältnismäßig neues Betätigungsfeld mit einem entsprechenden Forschungsbedarf (vgl. z. B. Mauer et al. 2003, S. 17). Der Autor möchte jedoch nicht nur theoretische Einsatzmöglichkeiten, sondern auch eine konkreten Lösungsansatz mit Web Services zur Datenversorgung im Managementreporting vorstellen. Dazu liefert diese Arbeit einerseits einen Überblick, in welchem Umfang derzeit Web Services als Datenversorgungsalternative bei zahlreichen Software-Anbietern zum Einsatz kommen. Andererseits dient ein Praxisbeispiel eines implementierten Managementreportings an mehreren Stellen dieser Arbeit als Referenz, um beispielsweise Anforderungen und Rahmenbedingungen konkretisieren zu können. Unter Rückgriff auf dieses Referenzbeispiel ist es ein weiteres Ziel dieser Arbeit, einen Lösungsentwurf mit Web Services zur Datenversorgung eines Managementreportings zu entwickeln und kritisch zu beleuchten.

1.2   Aufbau der Arbeit

Wie im vorangegangenen Abschnitt 1.1 diskutiert, sind mit dieser Arbeit betriebswirtschaftliche Aspekte des Berichtswesens (Managementreporting) und informationstechnologische Erörterungen hinsichtlich der Web Service-Technologie miteinander zu verknüpfen. Da aus dem Portfolio der Einsatzmöglichkeiten von Web

Services nur ein kleiner Ausschnitt Beachtung finden soll, beginnt die Arbeit nicht mit der Untersuchung der Technologie, sondern mit der Abgrenzung des betriebswirtschaftlichen Rahmens, in dem hier Web Services zur Anwendung kommen.

Das Kapitel 2 definiert daher ausgehend von einer allgemeinen Kategorisierung des Berichtswesens die Begrifflichkeit des Managementreportings, um darauf aufbauend Anforderungen für eine Umsetzung zu formulieren. Diese Anforderungen sind wiederum in engem Zusammenhang mit dem ebenfalls in diesem Kapitel dargestellten Praxisbeispiel eines deutschen Stromerzeugers zu interpretieren, das im weiteren Verlauf der Bearbeitung wiederholt als Referenzbeispiel dient.

Das Kapitel 3 befasst sich mit den konventionellen Technologien, die zur Realisierung eines Managementreportings unter besonderer Beachtung der Datenbeschaffung einsetzbar sind, und deren Nachteilen, an denen die Web Service-Technologie anknüpfen und sich damit von diesen Technologien unterscheiden möchte. Einen herausragenden Stellenwert hat dabei das Data Warehousing. Komplementäre Technologien wie Enterprise-Portale und die technische Umsetzung des in Kapitel 2 vorgestellten Praxisbeispiels ergänzen die Ausführungen. Der Überblick über die Funktionsweise der konventionellen Technologien sowie deren Vor- und Nachteile bilden das Fundament für die Beurteilung von Web Services als Alternative zur Datenversorgung, denen sich Kapitel 4 widmet.

Auch hier gilt es, Einschränkungen zu treffen, um den Fokus, nämlich den der Datenversorgung mittels Web Services, nicht aus den Augen zu verlieren. Die Beschreibungen werden daher nicht darüber informieren, in welchem Umfang Web Services Unternehmensprozessoptimierungen unterstützen oder wie Unternehmen systemübergreifend miteinander auf der Basis von Web Services zusammenarbeiten können. Vielmehr ist es das erklärte Ziel dieses Kapitels, alle Erscheinungsformen und Einsatzmöglichkeiten von Web Services auf der Daten- und Datenversorgungsebene zu ermitteln und zu beschreiben, um darauf aufbauend alternative Referenzlösungen mit Web Services für ein Managementreporting spezifizieren zu können.

Die Evaluierung von Web Services als Datenversorgungsalternative eines Managementreportings leitet das fünfte Kapitel mit einem repräsentativen Überblick über deren Einsatz in speziellen, derzeit am Markt angebotenen Managementreporting-Systemen ein. Die hier dargestellten Erkenntnisse fußen auf einer Befragung von 56 Anbietern. Des Weiteren beschreibt dieses Kapitel aufbauend auf den Erkenntnissen der vorangegangenen Abschnitte und unter Bezugnahme auf das Referenzbeispiel mehrere Vorschläge, wie mit Hilfe von Web Services ein ganzheitliches Managementreporting-System implementiert werden kann. Dabei soll sich neben dem Schwerpunktthema der Datenversorgung die Mehrheit der in Kapitel 2 aufgenommenen Anforderungen widerspiegeln. In einem zweiten Schritt folgt die kritische Beurteilung der vorgestellten Lösung sowohl unter technischen als auch wirtschaftlichen Gesichtspunkten.

Das abschließende sechste Kapitel umfasst die globale Beurteilung der Einsetzbarkeit von Web Services für die Datenversorgung im Managementreporting. Der damit verbundene Ausblick erfolgt insbesondere unter Berücksichtigung der Strategie des Informationsmanagements sowie des Investitionsschutzes für bestehende Lösungen.

Die nachstehende Abbildung 1 verdeutlicht grafisch und zusammenfassend den gerade geschilderten Aufbau der vorliegenden Arbeit. Kapitel 2 und 3 spiegeln darin das Arbeitsgebiet des Managementreportings wider. Das Kapitel 4 stellt das zweite Arbeitsgebiet der Web Services vor. Beide Bereiche sind die Basis für die umfassende Evaluierung in Kapitel 5.

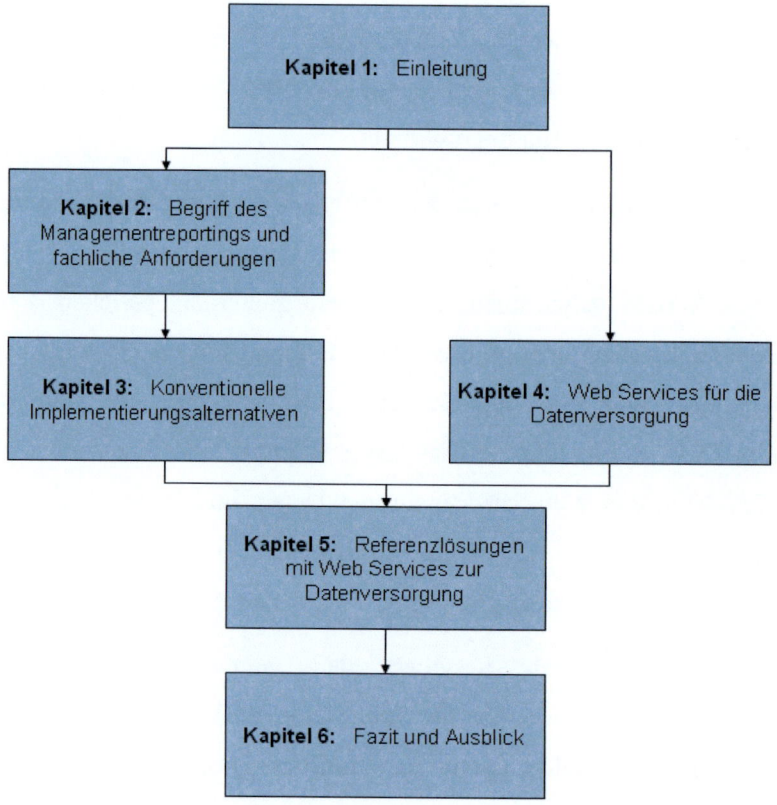

Abbildung 1: Struktur der Diplomarbeit

2 Begriff des Managementreportings und fachliche Anforderungen

2.1 Kategorisierungen des Berichtswesens[1]

Berichte können in der betrieblichen Praxis je nach Empfängerkreis, Inhalten, Anlässen/Auslösern und anderen Aspekten unterschiedliche Gestaltungsformen annehmen. Eine Kategorisierung ist daher in verschiedenen Dimensionen möglich. In der deutschsprachigen Literatur ist jedoch üblicherweise wie bei Küpper (2005, S. 171) die Dreiteilung in

- Standardberichte,
- Abweichungsberichte und
- Bedarfsberichte anzutreffen.

Bei dieser Einteilung steht der zeitliche Aspekt und der Anlass für die Berichterstellung im Vordergrund. So sind Standardberichte durch eine regelmäßige Publizierung und durch einen vorher festgelegten Informations- und Darstellungsrahmen (Anzahl der Einzelberichte, Anzahl der Berichtsdimensionen, Anzahl der Spalten usw.) gekennzeichnet. Abweichungs- und Bedarfsberichte werden dagegen unregelmäßig nur dann erstellt, wenn entweder bestimmte Toleranzwerte vorher definierter Schlüsselkennzahlen (Englisch: Key Performance Indicator, Abkürzung: KPI) über- oder unterschritten werden (Abweichungsberichte) oder ein von festgelegten Reportingwegen völlig losgelöster individueller Informationsbedarf besteht (Bedarfsberichte).

Neben dieser zeitlich orientierten Kategorisierung lassen sich noch andere Kategorisierungsmerkmale für Berichte in der Literatur finden. Nach Leßweng (2003, S. 76) gehören zu einer vollständigen Einteilung des Berichtswesens weiterhin

- funktionale,
- inhaltliche,
- formale und
- personale Merkmale.

Innerhalb dieser Merkmalsklassen formuliert Leßweng an gleicher Stelle sehr detailliert zahlreiche Einzelmerkmale. Obwohl Göpfert (2002, S. 148) eine derartige

---

[1] Der Begriff „Berichtswesen" ist die deutsche Übersetzung von „Reporting". Diese Arbeit verwendet beide Begriffe synonym.

Kategorisierung, die über den zeitlichen Aspekt hinausgeht, eher als theoretische Gliederung ohne praktischen Nutzen sieht, so ist sie für die Entwicklung einer Definition für den Begriff „Managementreporting", wie sie im Weiteren Verwendung finden soll, förderlich (vgl. Kapitel 2.2). U. a. verweisen die personalen Merkmale in dieser Übersicht auf unterschiedliche Managementebenen als Empfänger für ein Berichtswesen. Nachteilig für die Zwecke dieser Arbeit ist an Leßweng's Merkmalsübersicht jedoch die generische Zusammenstellung der Merkmale für verschiedene Funktionsbereiche und das Vernachlässigen spezifischer Aspekte des Rechnungswesens. Es fehlen beispielsweise die Unterscheidung nach internem und externem Rechnungswesen und der Hinweis auf verschiedene Rechnungslegungsstandards oder Planungsversionen, die aus inhaltlicher Sicht große Relevanz für ein Managementreporting haben. Eine klare Benennung des Managementreportings als eigene Berichtskategorie lässt diese Aufstellung ebenfalls vermissen.

Die bis hierher exemplarisch aufgeführten Kategorisierungen für das Berichtswesen versuchen eher generalistisch alle Reportinggruppen über einige oder möglichst viele Merkmale voneinander zu trennen. Sie gehen jedoch nicht auf greifbare Berichtsgruppen aus der betriebswirtschaftlichen Praxis ein. Ein konkreterer, für die Abgrenzung des Managementreportings als eigenständige Reportingkategorie nützlicher Differenzierungsansatz stammt dagegen von der Firma Accenture (Accenture 2003, S. 17). Hier werden fünf Berichtskategorien aus Sicht der dahinterliegenden Prozesse zur Berichtserstellung und mit dem Fokus auf Finanzinformationen unterschieden. Es ist unbestreitbar so, dass das betriebswirtschaftliche Berichtswesen üblicherweise eine starke Ausrichtung auf finanzwirtschaftliche Kennzahlen und Daten aufweist. Dies liegt letztlich auch darin begründet, dass das Berichtswesen neben Planung, Kostenrechnung, Abweichungsanalysen und Budgetierung die Kernaufgabe des Controllings ist (Thommen/Achleitner 2001, S. 457). Nachfolgend sind die fünf Berichtskategorien absteigend nach der Flexibilität der dahinterliegenden Berichte bezüglich der Möglichkeiten, alternative Sichten und Datenebenen zu Analyse- und Vergleichszwecken zu erzeugen, geordnet:

1.) Ad-Hoc-Berichtswesen

2.) Special Purpose-Berichtswesen

3.) Standardberichtswesen

4.) Führungsinformation (Executive Information)

5.) Scorecard- und Dashboard-Reporting.

Das Ad-Hoc-Reporting deckt den Informationsbedarf, der in diesem Kapitel einleitend mit den Kategorien „Abweichungsberichte" und „Bedarfsberichte" umschrieben worden ist. Das Ad-Hoc-Reporting ist das flexibelste Werkzeug eines operativen Controllers, um unregelmäßigen Informationsbedarf in Echtzeit und mit multidimensionalen Analysemöglichkeiten befriedigen zu können. Das Special Purpose-Berichtswesen hat in dieser Auflistung eine gewisse Ausnahmestellung, da sowohl die Ersteller- als auch die Zielgruppe in der Regel hochspezialisierte Arbeitskräfte sind, die beispielsweise in den Bereichen Steuern oder Cash-Management spezielle Fragestellungen bearbeiten müssen. Mit den Standardberichten soll der regelmäßig wiederkehrende Berichtsbedarf einer größeren Zahl von Benutzern gedeckt werden. Diese Berichte liegen in einem vordefinierten Format vor und der Berichtsnutzer kann in limitiertem Maße andere Berichtssichten und -ebenen erzeugen. Solche Berichte sind typischerweise Bilanzen, Gewinn- und Verlustrechnungen (GuV) oder Cash-Flow-Berichte für verschiedene Organisationseinheiten. Diese Flexibilität der Erzeugung anderer Sichten auf die Daten besteht bei den Berichten für Führungskräfte nur noch in Bezug auf wenige Variablen wie die Zeit oder Organisationseinheit. Das Berichtsformat bleibt dabei unverändert, nur die Inhalte ändern sich. Ebenso verhält es sich mit Scorecards und Dashboards, die im Kapitel 2.3 noch eingehender beschrieben werden sollen, da sie der zentrale Ansatzpunkt für die Idee der Datenversorgung mittels Web Services sind. Scorecards und Dashboards stellen im Unterschied zu den Berichten für Führungskräfte nur noch ausgewählte Kennzahlen in hochverdichteter Form dar. In der Beratungspraxis der Unternehmensberatung Accenture ist das Managementreporting die Kombination aus dem Berichtswesen für Führungskräfte und dem Scorecard-/Dashboard-Reporting.

2.2 Definition des Managementreportings

Die Suche nach einer einheitlichen Definition für das Managementreporting gestaltet sich verhältnismäßig schwierig. In Kapitel 2.1 liefert die Kategorisierung von Accenture einen ersten Ansatz, was genau unter Managementreporting zu verstehen ist. Folgt man jedoch Axson (2003, S. 157), so umfasst ein Managementreporting alle Aktivitäten, die mit dem Publizieren von Leistungsmessgrößen, Ereignissen, Analysen, Nachrichten oder anderen internen und externen Informationen mit dem Zwecke der Ent-scheidungsunterstützung verbunden werden können. Dazu gehören unter anderem Plan-

Ist-Vergleiche, Varianzanalysen, Berechnungen, Ad-Hoc-Reporting, Standardreporting, die Konsolidierung[2] und sogar Data Mining[3]. Gegenstand des Managementreportings nach Axson sind weiterhin alle ein Unternehmen interessierende Daten (Finanzdaten und Non Financials, interne und externe Daten, historische und Plandaten usw.) sowie alle möglichen Reportingwerkzeuge, beispielsweise Scorecards (vgl. Kapitel 2.3) oder Executive Information Systems (EIS, vgl. Kapitel 3.1). Diese Definiton schreibt dem Managementreporting schlichtweg ungefiltert alles zu, was im weitesten Sinne etwas mit Reporting zu tun haben kann und umfasst damit alle fünf Reportingkategorien, wie sie von Accenture unterschieden werden. Auch andere Quellen, die mit dem Terminus „Managementreporting" arbeiten, lassen eine genaue Definition und Abgrenzung vermissen (so beispielsweise Kaura 2002, S. 175 ff. oder Gräf et al. 2005, S. 85 ff.).

Hält man sich allerdings noch einmal die deutsche Übersetzung des englischen Begriffs „Management Report" vor Augen - auf Deutsch: Vorstandsbericht (Eichborn 1986, S. 312) -, dann erscheint es fragwürdig, inwieweit Funktionalitäten wie beispielsweise Varianzanalysen oder Data Mining tatsächlich Gegenstand eines Managementreportings, also eines Berichtswesens für das obere Management, sein sollten. Vor diesem Hintergrund und basierend auf dem Gedanken, mit Web Services nicht ein Standardreporting oder gar Reporting von Massendaten eines Data Warehouses zu ersetzen, sondern eine Alternative für ein verdichtetes Reporting, das Daten aus verschiedene Quellen einer heterogenen Systemlandschaft benötigt, zu untersuchen, soll die Definition von Hill (o. J., o. S., Stand: 21.02.2007) als Arbeitsdefinition für die folgenden Abschnitte dienen. Hill versteht unter Managementreporting (oder Enterprisereporting) die regelmäßige Bereitstellung von Informationen für Entscheidungsträger eines Unternehmens. Diese Informationen können durch Grafiken, Tabellen und Texte angereichert sein und sind typischerweise über ein Intranet oder ein Web-Portal (vgl. Kapitel 3.7) zu publizieren. In dieser Definition schließt Hill explizit drei Arbeitsbereiche, die Axson als Teil des Managementreportings ansieht, aus:

1.) Ad-Hoc-Reporting oder -Analyse,

2.) Interaktive Abfragen und

---

[2] Hauptaufgabe der Konsolidierung ist das Erzeugen von Berichten, welche die finanzielle Situation eines Unternehmens, das wiederum aus einer gewissen Anzahl von Einzelunternehmen oder Joint Ventures besteht und die durch gegenseitige Beteiligungen und andere interne Beziehungen miteinander verbunden sind, widerspiegelt (vgl. die Definition in Stolowy/Lebas 2005, S. 510).

[3] Data Mining ist der Prozess des Aufdeckens von bis bisher unbekannten oder gar unerwarteten Mustern und Zusammenhängen in einer Menge von Daten (vgl. hierzu die Definition von Adelman/Terpeluk Moss 2000, S. 145).

3.) Data Mining.

Weiterhin lässt sich das Managementreporting an dieser Stelle unter Bezugnahme auf die Berichtsmerkmale von Leßweng (vgl. dazu Kapitel 2.1 oder auch Thomas 2006, S. 15 ff., Stand: 21.02.2007) folgendermaßen charakterisieren:

- Funktional: Das Managementreporting enthält Informationen zur Planung, Kontrolle und Steuerung eines Unternehmens mit Blick auf eine festgelegte Steuerungskonzeption oder ein definiertes Zielsystem.

- Inhaltlich: Das Gesamtunternehmen oder eine große Organisationseinheit (Division o. ä.) des Unternehmens wird durch das Managementreporting abgebildet. Es vereint sowohl quantitative als auch qualitative Informationen in hochverdichteter Form (vgl. dazu Kapitel 2.3).

- Formal: Wie schon in der Definition von Hill beschrieben, erfolgt die Darstellung der Managementinformationen unter Rückgriff auf grafische Darstellungen, Tabellen und Texte. Das favorisierte Übertragungsmedium ist das Intranet. Charakteristisch ist die Weitergabe nach dem Push-Verfahren, da der Berichtsersteller die Berichte erst nach Fertigstellung an das Management weitergibt.

- Zeitlich: Typisch ist ebenfalls die regelmäßige Berichtserstellung; üblicherweise erfolgt eine monatliche Distribution.

- Personal: Für die Erstellung des Managementreportings ist in der Regel das (Konzern-) Controlling verantwortlich. Der Adressatenkreis ist das obere Management, wobei selbst hier noch Unterschiede anzutreffen sind, da beispielsweise ein Konzernvorstand andere Aufgaben als das Kontrollorgan „Aufsichtsrat" wahrnimmt und daher eine differenziertere Betrachtung auf das zusammengefasste Zahlenwerk des Unternehmens benötigt (vgl. hierzu Dietger/Hungenberg 2001, S. 1020). Vom Managementreporting ist des Weiteren das externe Berichtswesen, sprich die Berichterstattung im Rahmen des Jahresabschlusses, abzugrenzen. Dieses Berichtswesen richtet sich an die Anteilseigner und die Öffentlichkeit außerhalb des Unternehmens.

In den vorstehenden Ausführungen wurde deutlich, welche Merkmale für ein Managementreporting kennzeichnend sind und welche Arbeitsbereiche ein

Managementreporting nicht einschließt. Wie konkret ein Managementreporting aufgebaut sein kann und welche (nicht-technischen) Ausprägungsformen existieren, klärt das folgende Kapitel.

2.3   Ausprägungsformen des Managementreportings

Dieses Kapitel soll zeigen, dass ein Managementreporting im Rahmen der klaren Definition des vorangegangenen Abschnitts 2.2 unterschiedliche Umfänge haben kann. Die Klärung der möglichen Ausprägungsformen ist für die spätere Beurteilung, ob Web Services tatsächlich in allen Fällen eine Alternative für die Datenversorgung darstellen, erforderlich. Dabei soll zwischen zwei Extremen unterschieden werden. Auf der einen Seite besteht die Möglichkeit, dass ein Managementreporting sehr stark verdichtet ist und nur wenige Informationen auf einer geringen Zahl von Seiten zusammenfasst. In diese Gruppe fallen die Berichtskategorien:

1.) Kennzahlenreporting,
2.) Dashboard-Reporting und
3.) Scorecard-Reporting.

Auf der anderen Seite kann ein Managementreporting neben verdichteten Informationen und Kennzahlen auch detaillierte Angaben über die Geschäftsenwicklung der Unternehmensbereiche in Form von standardisierten Berichten mit Ist- und Planzahlen zu Umsätzen und anderen Gewinn- und Verlustgrößen, wesentlichen Bilanzgrößen und Elementen der Cash-Flow-Rechnung beinhalten (vgl. hierzu das Beispiel für die monatliche Berichterstattung an den Vorstand von DaimlerChrysler in Hahn/Hungenberg 2001, S. 1020 ff.). Ein solches Berichtswerk erreicht in manchen Fällen durchaus einen Umfang von bis zu 100 Seiten.

Die drei Berichtskategorien „Kennzahlenreporting", „Dashboard-Reporting" und „Scorecard-Reporting" sind eng miteinander verknüpft und weisen Parallelen auf. Daher erscheint es nicht weiter verwunderlich, dass sie oft in einem Atemzug genannt und nicht voneinander abgegrenzt betrachtet werden. Aus rein technologischer Sicht mit Blick auf die mögliche Datenversorgung mittels Web Services ist dies auch nicht weiter erforderlich, da das Ergebnis immer das Gleiche ist, nämlich ein hochverdichtetes Reporting mit wenigen Kennzahlen und/oder Informationen aus verschiedenen Bereichen. Dennoch soll hier eine kurze Differenzierung nicht ausbleiben: Das reine Kennzahlenreporting stellt ausschließlich Kennzahlen oder Key Performance Indicators

(KPI) in den Vordergrund der Betrachtung, die gemäß einer definierten Steuerungskonzeption etc. regelmäßig überprüft werden und bei vorher festgelegten Überschreitungen von Toleranzgrenzen zu Korrekturmaßnahmen führen. Reichmann (2001, S. 795) schlägt beispielsweise vor, dass die erste Seite eines Konzernberichtswesens grundsätzlich aus einem die hochaggregierte Konzernsicht wiedergebenden Kennzahlenblatt bestehen sollte. Sowohl Dashboard- als auch Scorecard-Reportings sind wiederum Medien zur Darstellungen von KPIs. Im Falle von Dashboard-Reports ist die Abbildung von Kennzahlen jedoch kein Muss-Kriterium (vgl. Few o. J., S. 2, Stand: 21.02.2007). Ein Dashboard ist nach Few eine Darstellungsvariante, die wichtige ausgewählte Informationen in Form von Diagrammen und Tabellen im Idealfall auf einer einzigen Seite anzeigt[4]. Ein Scorecard-Reporting basiert dagegen zwingend auf KPIs und ist eher auf die Darstellung der Erreichung strategischer Ziele ausgerichtet (vgl. Eckerson 2006, S. 9, Stand: 21.02.2007). Scorecard-Reportings sind sehr häufig das Ergebnis der Implementierung des strategischen Ansatzes der Balanced Scorecard (BSC) von Norton und Kaplan, wobei auch andere strategische Ansätze in Scorecard-Reportings einfließen können (vgl. dazu die Ausführungen von Schrank 2002, S. 30 ff.). Kennzeichnend für den Ansatz von Kaplan und Norton ist die ausgewogene Zusammenstellung von KPIs im Rahmen von vier Perspektiven: der Finanzperspektive, der Kundenperspektive, der Prozess- und der Potentialperspektive. Dabei spielt die Finanzperspektive jedoch die wichtigste Rolle, da sich letztlich jede andere Perspektive in Form einer monetären Bewertung abbilden lassen muss (Kaplan/Norton 1996, S. 34).

Zwischen den beiden beschriebenen Maximalausprägungen gibt es eine Reihe von Varianten, deren Ausprägung letztlich vom konkreten Informationsbedarf der Führungsebene abhängig ist und dabei nicht auf die differenzierte Methodik der einen oder anderen Art eines Managementreportings achtet. Eine davon beschreibt das Kapitel 2.4 näher.

2.4 Praxisbeispiel

Das an dieser Stelle vorgestellte Praxisbeispiel illustriert das monatliche Vorstandsreporting eines großen deutschen Energieerzeugers, der vor zwei Jahren damit

---

4   Ebenfalls im Zusammenhang mit Dashboard-Reporting ist der Begriff des „Management-Cockpits", der von SAP eingeführt wurde, geläufig (vgl. hierzu Pietsch/Memmler 2003, S. 55 oder Meier et al. 2003, S. 133).

begann, sein Steuerungskonzept grundsätzlich zu überarbeiten und das Managementreporting für den Vorstand entsprechend neu zu gestalten. Neben der rein inhaltlichen Diskussion um die aufzunehmenden Kennzahlen und Werte ging es dabei auch um die Abbildung eines Kommentierungsprozesses und die technische und grafische Realisierung des geplanten Berichtspaketes. Als Ergebnis entstand eine Berichtsmappe, die vorrangig Finanzdaten im Zusammenhang mit wenigen Spitzenkennzahlen wie ROCE[5] sowie Kennzahlen zum Strom- und Gasgeschäft oder Personalkennzahlen (so genannte Non Financials) umfasst. Das gesamte Berichtswerk ist in die vier Bereiche „Top-Management-Summary", „Anhang Konzern", „Anhang Einzelgesellschaften" und „Anhang Details Geschäftsfelder" gegliedert. Es umfasst unter anderem die folgenden Berichte:

- eine Top-Management-Summary
- eine verdichtete Cash-Flow-Rechnung,
- Kennzahlenberichte zum Strom- und Gasabsatz,
- einen Überblick zu den wichtigsten Einzelgesellschaften,
- eine verdichtete Gewinn- und Verlustrechnung,
- Sachinvestitionen,
- Personalkennzahlen,
- Kennzahlen zum unternehmensinternen Kostensenkungsprogramm,
- Einzelgesellschaftsberichte der wichtigsten Gesellschaften und
- Überblicksberichte zu den Geschäftsfeldern.

Die Abbildung 2 gibt exemplarisch die Detailansicht der Top-Management-Summary wieder. In ihr sind die wichtigsten Finanzdaten und finanzielle und nicht-finanzielle Spitzenkennzahlen abgebildet. (Die Daten sind aus Vertraulichkeitsgründen unkenntlich gemacht worden; auf die exakte Nennung der Quelle verzichtet der Autor aus dem gleichen Grund.) Die Zahlen umfassen Gegenüberstellungen von Ist- und Planwerten und von Forecast- und Planwerten, ergänzt um die jeweiligen Abweichungen zwischen den beiden Kategorien/Versionen. Als gestalterische Elemente werden bei dieser Zusammenfassung und allen anderen Berichten Tabellen für die Zahlenwiedergabe, Diagramme und Textboxen für die Kommentierung eingesetzt.

---

[5] ROCE = Return on Capital Employed: Die Kennzahl ROCE ergibt sich aus dem Quotienten des Nettoergebnisses und des Capital Employed, das wiederum die Summe aus dem Durchschnitt der langfristigen Verbindlichkeiten und dem durchschnittlichen Eigenkapital darstellt (Stolowy/ Lebas 2005, S. 80).

Bericht an den Vorstand

Top Management Summary

Konzern Ergebnis- und CF Kenngrößen (Mio. €)	Jan - März 2005			Gesamtjahr 2005			Konzern Spitzen-kennzahlen	Jan - März 2005			Gesamtjahr 2005		
	Ist	Plan	Delta	FC 2005	Plan	Delta		Ist	Plan	Delta	FC 2005	Plan	Delta
Op. Umsatz							Op. EBITDA Marge						
Op. EBITDA							Op. EBIT Marge						
Op. EBIT							Op. EBT Marge						
Op. Beteiligungsergebnis													
Op. Zinsergebnis							ROCE (kumuliert)						
Op. EBT							Wertbeitrag (kumuliert)						
EBIT							Stromsatz (GWh)						
EBT							Eigenerzeugung (GWh)						
- davon Neut. Erg.							Gasabsatz (GWh)						
- davon Änd. Kons. Kreis													
Op CF													
Capex (brutto)													
FCF 1													
FCF 2													

EBIT Überleitung März 2005

Mio. €

op. EBIT Plan ... Sonstige op. EBIT IST Kons. Kreis Neutrales Erg. EBIT IST

Kommentierung op. EBIT:
Operativer EBIT +0 Mio. € über Plan.
Hauptverantwortlich:
- XX1 (+0 Mio. €) – geringere Strombezugsaufwendungen, geringere Instandhaltungsaufwendungen,
- XX2 (+0 Mio. €) – vorwiegend durch besseres Eigenhandelsergebnis und Kohlebewertung,
- XX3 (+0 Mio. €) – im Wesentlichen durch geringere Vertriebs- und Verwaltungskosten
- Sonstige (+0 Mio. €) – im Wesentlichen resultiert die positive Abweichung aus der ...

Kommentierung der Spitzenkennzahlen:

Abbildung 2: Top-Management-Summary eines Energieerzeugers

Die technische Realisierung - insbesondere die Gestaltung der Datenversorgung - dieses Managementreportings ist Gegenstand des Kapitels 3.6.

2.5 Anforderungen an die Umsetzung eines Managementreportings

Der Beginn eines Projektes zur Einführung eines Managementreportings ist in aller Regel durch zwei gegenläufige Stränge der Informationssammlung geprägt. Zum einen muss das Controlling fachliche Aspekte der Managementinformation, beispielsweise die Auswahl und Berechnung von Kennzahlen, zu betrachtende Steuerungsdimensionen und Berichtsumfänge klären. Zum anderen ist IT-seitig die optimale technische Unterstützung der Reportinganforderungen zu ermitteln. Oft ist zu diesem Zeitpunkt schon grundlegend die Entscheidung gegen eine Eigenentwicklung getroffen worden. Die Verwendung eines existierenden Software-Angebots hat jedoch grundsätzlich - trotz meistens stattfindender Vorabevaluierungen und Anbietervergleiche - den Nachteil, dass Kompromisse bei der Umsetzung der fachlichen Anforderungen eingegangen werden müssen, sofern nicht kostenintensive Erweiterungsprogrammierungen eingeplant sind.

Dieses Kapitel stellt unabhängig von technischen Restriktionen eine Reihe von praxisnahen Anforderungen an ein Managementreporting-Werkzeug zusammen, ohne dabei informationstechnologische Details oder betriebswirtschaftliche Aspekte genauer zu beleuchten. Diese Anforderungen dienen in Kapitel 3 zur partiellen Einschätzung der konventionellen Technologien für die Umsetzung eines Managementreportings. Vor allem aber dienen sie als Grundlage für den in Kapitel 5 angestrebten Entwurf für eine Managementreporting-Lösung unter Verwendung von Web Services für die Datenebene und für die Bewertung des Nutzens einer solchen Datenversorgung.

Neben den grundsätzlichen Anforderungen, die üblicherweise im Rahmen einer Konzeptionsphase zur Sprache kommen, sollen die Kapitel 2.5.2 und 2.5.3 zwei herausragende Aspekte mit Blick auf den möglichen Einsatz von Web Services erörtern. Das betrifft einerseits die Komplexität von betriebswirtschaftlichen Kennzahlen, die kennzeichnend für ein Managementreporting sind und deren Ermittlung recht häufig technische Restriktionen erfährt. Andererseits sind die Datenversorgung und alle damit im Zusammenhang stehenden Faktoren wie Datenverfügbarkeit oder Datenqualität ein generell anzutreffendes Problem (vgl. auch Töpfer 2001, S. 33).

2.5.1 Grundlegende funktionale Anforderungen

Die im Folgenden aufgeführten grundlegenden Anforderungen sind unabhängig von den unter 2.1 genannten Merkmalen in fünf Kategorien (Umfang, Darstellung, Interaktivität, Handhabung und Sonstiges) eingeteilt, da hier nicht nur Berichte, sondern ganzheitlich das für die Erstellung der Berichte notwendige Werkzeug zu betrachten ist.

a)   Anforderungen an den Umfang der darzustellenden Inhalte:

Das System muss in der Lage sein, Finanzdaten beliebiger Ist- und Planungsversionen auf unterschiedlichen Verarbeitungsstufen darzustellen. Das heißt, dass sowohl unkonsolidierte Einzelgesellschaftsdaten, konsolidierte Konzernwerte und die Konsolidierungseffekte anzeigbar sind. Ebenso müssen beliebige Non Financials für Berichtszwecke eingebunden werden können, sofern nicht anders möglich, auch aus externen Quellen (z. B. im Falle von Marktanteilswerten externer Marktforschungs-anbieter).

b)   Anforderungen an die Darstellung:

Die Thematik der grafischen Darstellung ist insbesondere bei einem hochverdichteten Reporting, bei dem zusätzlich die Anordnung der einzelnen Elemente eine wesentliche Rolle spielt, von herausragender Bedeutung. Es geht hier also nicht nur um ästhetische Aspekte, sondern vielmehr um Fragen der Software-Ergonomie und die schnelle Wahrnehmbarkeit von kritischen Tatbeständen. Eine immer wieder viel zitierte Funktionalität ist dabei die Ampelanalyse, die in Abhängigkeit von definierten Schwellwerten eine Zielgröße mit „grün", „gelb" oder „rot" bewertet (z. B. in Blaudszun/Pielniok 2003, S. 180 oder in Bauer 2000, S. 72). Die Darstellung von Symbolen, Grafiken, Tabellen, Diagrammen und eine flexible Zahlendarstellung (Vorzeichen, Einheiten)[6] dürfen ebenfalls kein Problem darstellen.

c)   Anforderungen hinsichtlich der Interaktivität des Berichtswerkzeugs:

Das „ideale" Managementreporting-Tool muss weiterhin einfache, ggf. konditionale Berechnungen/Operationen zulassen, um beispielsweise Abweichungen zwischen Ist- und Planwerten ermitteln zu können. Die Definition von Kennzahlen in der Reportingapplikation ist jedoch weitestgehend zu vermeiden (vgl. die Ausführungen im Kapitel 2.5.2).

Die in das Reporting eingehenden Kennzahlen oder KPIs werden häufig explizit für das Managementreporting definiert oder berechnet, obwohl sie an und für sich bereits an anderer Stelle im Unternehmen existieren müssten. Die Gefahr einer abweichenden Berechnung und damit von Inkonsistenzen in unterschiedlichen Reportingpaketen ist daher groß. Der Ruf nach einer konzernweiten Standardisierung von Kennzahlen-berechnungen wird deswegen regelmäßig bei jedem Projekt zur Einführung eines Managementreportings laut. Transparenz bezüglich der Kennzahlenberechnung kann hierbei ein Kennzahlen-Metadatenrepository schaffen (vgl. dazu auch die Ausführungen zum Metadatenmanagement in Brunner/Dinter 2003, S. 291 ff.).

Im Kapitel 2.2 wurde darauf hingewiesen, dass ein Managementreporting grundsätzlich auf interaktive Abfragemöglichkeiten und dergleichen verzichtet. Dennoch kann es von Interesse sein, in andere inhaltlich verwandte Berichte abzuspringen.

---

[6]   Die Vorzeichendarstellung ist oft, wenngleich man dies in erster Instanz nicht sofort glauben mag, eine kritische Thematik. Beispielsweise arbeitet das Konsolidierungssystem SAP SEM-BCS (Strategic Enterprise Management - Business Consolidation) im Bereich der Passiva und Erträge mit negativen Vorzeichen, im Bereich der Aufwände jedoch mit einem positiven Vorzeichen, während das Managementreporting üblicherweise außer für Aufwände positive Vorzeichen erwartet. Eine entsprechende Konvertierung ist also erforderlich.

Ein weiterer wesentlicher Aspekt der Interaktivität ist die Thematik der Kommentierung. Die Kommentierung des darzustellenden Zahlenwerks ist eine grundlegende Aufgabe des Controllings im Rahmen des Managementreportings (vgl. Gladen 2003, S. 251 und Pietsch/Memmler 2003, S. 52).

Da in jedem Falle die Möglichkeit besteht, dass Daten technisch nicht abgreifbar oder gar nicht erst elektronisch verarbeitet worden sind, muss es eine Alternative zur manuellen Dateneingabe geben.

d)   Anforderungen an die Handhabung:

Der Grundsatz der einfachen Erreichbarkeit und die Zielstellung dieser Arbeit legt die Verwendung des Mediums Intranet/Internet zur Distribution des Managementreportings nahe. Über eine klassische Benutzer- und Rechteverwaltung hinausgehend besteht des Weiteren das berechtigte Interesse des Controllings, die Daten erst dann zur Einsicht freizugeben, wenn sie einen gewissen Verarbeitungsstatus erreicht haben. Hierzu ist eine Fortschrittskontrolle kombiniert mit einem Datenstatus, der die Publizierbarkeit der Daten in Richtung Management (Push-Prinzip) signalisiert, vorzusehen.

e)   Sonstige Anforderungen:

An dieser Stelle sei lediglich der immer existierende Wunsch nach möglichst geringen Anschaffungs- und/oder Implementierungskosten sowie geringen Wartungskosten insbesondere bei inhaltlichen Änderungen des Reportingpaketes erwähnt. Es ist sicherlich schwer, die Qualität eines Managementreportings monetär zu bewerten. Die Nutzung von Web Services zur Datenversorgung muss sich jedoch im Vergleich zu konventionellen Technologien auch quantitativ belegen lassen.

2.5.2   Komplexität betriebswirtschaftlicher Kennzahlen

Das Kapitel 2.5.1 wies darauf hin, dass in einem Managementreporting-Werkzeug möglichst wenig Berechnungslogik für betriebswirtschaftliche Kennzahlen vorhanden sein sollte. Insbesondere bei der Berechnung von sehr umfangreichen Kennzahlen wie dem Cash Flow oder gar dem Economic Value Added (EVA)[7] sind oftmals mehrere hundert Rechenschritte und für eine konzernweite Betrachtung zudem ein Großteil der konsolidierten Finanzdaten erforderlich. Allein der Umfang der in die Berechnung einzubeziehenden Daten würde sich so stark auf die Antwortzeiten des Systems

---

[7]   EVA ist eine Kennzahl zur Darstellung des Unternehmenserfolges, der sich im Wesentlichen aus der Differenz des Nettoergebnisses nach Steuern und den Gesamtkapitalkosten ergibt (vgl. Stewart 1999, S. 118).

auswirken, dass ein vernünftiges Reporting nicht mehr möglich wäre. Erschwerend wirken sich außerdem Ausnahmeaggregationen bei Kennzahlenberechnungen über verschiedene Hierarchieebenen und unterschiedliche Reportinglogiken aus, die dazu führen, dass nicht jeder existierende Datensatz in einem Finanzsystem auch tatsächlich relevant für eine Kennzahlenberechnung aus Konzern- oder einer anderen Sicht ist.

Aus diesen Gründen ist es insbesondere auch für die Definition von Web Services auf Datenebene entscheidend, dass die KPI-/Kennzahlenberechnung in dem System erfolgt, in dem die einfließenden Daten letztmalig transformiert, aggregiert oder konsolidiert worden sind.

2.5.3 Anforderungen an die Datenversorgung und -haltung im Speziellen

Laut einer Studie der Unternehmensberatung Horváth und Partners verfügte im Jahre 2003 die Mehrzahl der Unternehmen, die ein BSC-Reporting einsetzten, noch nicht über Software, die über eine selbsterstellte Excel- oder Access-Lösung hinausgeht (vgl. Horváth & Partners 2004, S. 15). Dies ist zumindest ein Indiz dafür, dass die Datenversorgung eines Managementreportings insbesondere dort, wo viele Kennzahlen aus verschiedenen Bereichen zusammengetragen werden müssen, eine gewisse Schwierigkeit darstellt. Es stellt sich also die Frage, inwieweit die Daten bereits in der Form und Qualität vorliegen, wie es ein Managementreporting erwartet. Funke und Rosemann umschreiben dies als das „Problem ‚Vorsystem'" (Funke/Rosemann 2000, S. 89). In dieser Arbeit geht der Autor davon aus, dass grundsätzlich alle relevanten Daten in der üblicherweise heterogenen Systemlandschaft eines Unternehmens existieren. In der Heterogenität der Datenquellen besteht aber genau das Problem vieler Managementreporting-Lösungen (vgl. Gladen 2003, S 16). Das Vorhandensein eines funktionsübergreifenden Enterprise Data Warehouses bietet zwar die Möglichkeit zu einem einheitlichen Zugang für alle relevanten Managementdaten, kann in der Realität aber vor allem bei Großkonzernen nicht hinreichend erfüllt werden (Brunner/Dinter 2003, S. 297). Für international agierende Konzerne mit einer verzweigten Beteiligungsstruktur kommen ständige Veränderungen in der Systemlandschaft durch Beteiligungszukäufe oder -verkäufe erschwerend hinzu. Entweder muss eine Managementreporting-Lösung also viele Schnittstellentechnologien zum Zugriff auf verschiedenste Datenbanken und Software-Produkte in sich vereinen oder eine möglichst viele Applikationen integrierende Technologie zur Datenversorgung beherrschen. In jedem Falle ist jedoch eine sichere, performante und möglichst flexible Schnittstellentechnologie ausschlaggebend für die Akzeptanz eines Managementreporting-Systems.

Ein letzter Anforderungsschwerpunkt betrifft die Datenhaltung. Ein Managementreporting sollte lediglich die im Rahmen seines Erstellungsprozesses zusätzlich erzeugten Daten in einer eigenen Datenbank vorhalten (z. B. manuelle Eingabewerte, Kommentare). Eine redundante Datenhaltung der Reportinginhalte ist weitestgehend zu vermeiden.

3   Konventionelle Implementierungsalternativen

3.1   Überblick und historische Entwicklung

Die Literatur bringt auf den ersten Blick eine scheinbar unüberschaubare Zahl von Begriffen und Abkürzungen mit Managementreporting oder Führungsinformation in Zusammenhang. Allein für den Terminus „Management Information System" (MIS) unterscheidet Leßweng (2003, S. 117) bezugnehmend auf Oppelt (1995, S. 9 ff.) zwischen MIS im weitesten, im weiteren, im engeren und im engsten Sinne. Es ist nicht das Ziel der vorliegenden Arbeit, jede dieser Ausprägungen der Informationstechnologie im Detail zu erläutern. Ein grober Überblick zu den Berichtssystemen für das Management[8] ist für die weitere Orientierung und die Einordnung einer mit Web Services arbeitetenden Managementreporting-Lösung dennoch erforderlich. Als „Leitfaden" dient dazu die nachstehende Abbildung 3. In ihr sind die bekannten Berichtssysteme und Systemklassen abgebildet und um zwei wichtige Informationsblöcke angereichert. Zum einen liefert die Abbildung eine Aussage zum Adressatenkreis der erzeugten Berichte. Zum anderen findet in ihr eine Bewertung der wesentlichsten Teilprozesse im Rahmen des Berichtserstellungsprozesses statt. Diese Teilprozesse sind

- die zunächst notwendige Datenbeschaffung und -transformation,
- die eigentliche Berichtserstellung und -gestaltung,
- die Berichtsverwaltung (Speicherung und Bereitstellung von Berichten) sowie
- die Berichtsverteilung und -präsentation (vgl. Leßweng 2003, S. 89 ff.).

Die nachfolgenden Abschnitte des dritten Kapitels greifen regelmäßig auf diese Teilprozesse zurück. Die Datenbeschaffung findet dabei besondere Beachtung. Sie ist zudem später in Kapitel 5 das zentrale Moment für die Evaluierung von Web Services im Zusammenhang mit der Implementierung eines Managementreportings.

---

[8]   Das schließt von vornherein Expertensysteme oder Berichtssysteme aus dem Bereich der künstlichen Intelligenz aus.

System-klasse	System	Prozesse des Berichtswesens*				Adressierte Führungsebene
		1	2	3	4	
MSS	MIS	schwach	schwach	keine	keine	untere/mittlere
	MRS	schwach	teilweise	schwach	schwach	untere/mittlere
	DSS	stark	schwach	keine	keine	untere/mittlere
	EIS	teilweise	stark	schwach	keine	mittlere/obere
	ESS	stark	stark	schwach	keine	mittlere/obere
AIS	DWH	stark	keine	schwach	keine	n/a
	OLAP	stark	teilweise	keine	keine	untere/mittlere
	DM	stark	schwach	keine	keine	untere/mittlere
	BIT	teilweise	stark	teilweise	schwach	alle

*Prozesse des Berichtswesens

1 - Datenbeschaffung und -transformation
2 - Berichtserstellung und -gestaltung
3 - Berichtsverwaltung
4 - Berichtsverteilung und -präsentation

Grad der Unterstützung der Berichtsprozesse:

- stark
- teilweise
- schwach
- keine

Abbildung 3: Informationssysteme für das Managementreporting
(eigene Darstellung in Anlehnung an Leßweng 2003, S. 135 und S. 184)

Historisch gesehen begann die Entwicklung von Berichtssystemen in den 60er Jahren mit MIS, gefolgt von Management Reporting Systems (MRS) und Decision Support Systems (DSS)[9] in den 70er Jahren. MIS und MRS, die Weiterentwicklung von MIS, ermöglichten die Automatisierung eines bestehenden Standardberichtswesens. Einer der bekanntesten und auch heute noch sehr weit verbreiteten MRS-Vertreter ist das komponentenweise integrierte Informationssystem der Standard-Software SAP R/3. Die begriffliche Nähe von MIS und MRS zu „Managementreporting" ist für die Zwecke dieser Arbeit irreführend. Wie in Kapitel 2 bereits dargestellt ist das Standardberichtswesen nicht Gegenstand des Managementreportings und die mit diesen Systemen erzeugten Berichte richten sich in der Tat auch ausdrücklich an das untere und mittlere Management (vgl. dazu Abbildung 3 und Leßweng 2003, S. 135). DSS sollen als interaktive Systeme Entscheidungsträgern in schlecht strukturierten Entscheidungssituationen helfen (vgl. Chamoni 2003, S. 6). Auch das ist gemäß der getroffenen Definition nicht Gegenstand eines Managementreportings.

In den 80er Jahren folgte aufbauend auf MRS ein weiterer Entwicklungsschritt: Executive Information Systems (EIS)[10] mit dem Fokus auf die obere Führungsebene als Empfängerkreis und dem Differenzierungsmerkmal deutlich benutzerfreundlicherer

---

[9] Auch Expertenunterstützungssysteme (EUS).
[10] Auch Führungsinformationssysteme (FIS) oder Chefinformationssysteme (CIS).

Oberflächen (vgl. Fritz/Kusterer 1993, S. 152). Die Zusammenführung, Konsolidierung, Verdichtung und grafische Aufbereitung von Finanzdaten und Non Financials entsprach den Anforderungen eines Managementreportings für die obere Führungsebene. Executive Support Systems (ESS) [11] als erneuter Evolutionsschritt erweiterten die Funktionalitäten von EIS um DSS-Funktionen (vgl. Leßweng 2003, S. 152). Klassische EIS und ESS sind aufgrund ihrer verhältnismäßig geringen Flexibilität, der an Grenzen stoßenden Leistungsfähigkeit und nicht zuletzt aufgrund der Entwicklungen im Bereich der analytischen Informationssysteme (AIS) zunehmend in den Hintergrund geraten. So ist beispielsweise die Weiterentwicklung des EIS-Produktes der Firma SAP bereits vor einigen Jahren eingestellt worden. Stattdessen verfolgt jetzt die Komponente SAP Strategic Enterprise Management (SEM), aufbauend auf einem Data Warehouse (DWH) mit OLAP- und DM-Funktionalitäten (Online Analytical Processing bzw. Data Mining), das Ziel der Führungskräfteinformation.

Die Gegenwart der Berichterstattung an das obere Management ist zunehmend durch AIS und im Speziellen Business Intelligence Tools (BIT) geprägt (vgl. Chamoni 2003, S. 6 f.), die schrittweise, wo technisch sinnvoll und möglich, die Aufgaben bestehender Management Support Systems (MSS) - also die Systemklasse, zu der MIS, MRS, DSS, EIS und ESS gehören - wahrnehmen oder ergänzen. Aus diesem Grunde sind MSS nicht mehr expliziter Gegenstand der weiteren Betrachtungen.

Die Fähigkeiten und Funktionalitäten analytischer Informationssysteme behandelt - fokussiert auf den für das Managementreporting definitionsgemäß relevanten Teil - das Kapitel 3.1. Die in den Kapiteln 3.3 und 3.4 vorgestellten Implementierungsansätze stellen Spezialformen von BITs dar und konzentrieren sich auf die frontendlastigen Teilprozesse des Berichtswesens ab der Berichterstellung. Eigenentwicklungen stellen natürlich auch in diesem Kontext eine grundsätzliche Alternative dar; eine kurze Einschätzung dazu befindet sich im Kapitel 3.5. Die Darstellung der technischen Implementierung des im Abschnitt 2.4 beschriebenen Referenzbeispiels ergänzt die bis dahin dargestellten konventionellen Implementierungsansätze. Das Kapitel 3.7 widmet sich zuletzt komplementären Technologien, die im Zusammenhang mit dem Managementreporting eine Rolle spielen. Hier sind vor allem die Portaltechnik und das Web-Reporting zu nennen. Dieses Kapitel schlägt zugleich die Brücke zur Technologie der Web Services (Kapitel 4).

---

[11] Auch Vorstandsinformationssysteme (VIS).

3.2 Analytische Informationssysteme

Analytische Informationssysteme umspannen die vier Teilbereiche:

1.) Data Warehouse,

2.) Online Analytical Processing,

3.) Data Mining und

4.) Business Intelligence Tools (Frontendwerkzeuge).

Ein Data Warehouse ist zunächst einmal nicht viel mehr als ein großer Datenspeicher für unternehmensinterne und ggf. auch für unternehmensexterne Daten und damit in der Regel eine der ersten Antworten auf die Frage nach der Datenversorgung für ein Managementreporting. Über so genannte Extraktions- oder ETL-Tools (Extraktion, Transformation, Laden) bezieht es Daten aus operativen Vorsystemen aller Art. Die Art der Datenablage ist im Gegensatz zu den meist transaktionalen Vorsystemen auf Abfrageaktivitäten im Rahmen eines Berichtswesens optimiert. Ein derartiger zentraler Datenspeicher allein bewirkt allerdings recht wenig, da hiermit noch keine Berichtserstellung oder -präsentation möglich ist (vgl. Abbildung 3).

Die Berichtserstellung ist dagegen mit OLAP-, DM- und BIT-Werkzeugen umsetzbar. OLAP ist eine Technologie, mit der mehrdimensionale Analysen und Ad-Hoc-Abfragen auf dem im Data Warehouse gespeicherten Datenbestand realisierbar sind (vgl. Gabriel et al. 2000, S. 78), während Data Mining versucht, in einer Grundgesamtheit von Daten nach bisher unbekannten Mustern und Zusammenhängen zu suchen (vgl. Kapitel 2.2). Beides ist - wie bereits erörtert - nicht Bestandteil eines Managementreportings für die obere Führungsebene.

Ein BIT setzt gewissermaßen auf den drei anderen Komponenten auf und ist ein Oberbegriff für alle Frontendwerkzeuge, mit denen auf Daten des DWHs, eines OLAP- oder eines DM-Systems zugegriffen wird, um Berichte zu erstellen und zu publizieren (vgl. Leßweng 2003, S. 179)[12]. Solche Frontendwerkzeuge sind oftmals integrierte tabellenkalkulationsprogramm- oder web-basierte Berichtsgeneratoren oder Zusatz-Software von Drittanbietern (vgl. auch die Kapitel 3.3 und 3.4).

DWH, OLAP, DM und BIT sind in der Regel in Software-Paketen wie Hyperion Essbase oder SAP Business Warehouse (BW) vereint, wobei die paketeigenen DM- und

---

[12] Im Gegensatz hierzu subsumiert die Praxis unter Business Intelligence häufig mehr als nur die Frontend-Werkzeuge. SAP bezeichnet beispielsweise das neueste Release seines Data Warehouse-Produktes einschließlich Data Mining, OLAP-Engine, Planungsfunktionalitäten und Frontend-Tools nicht mehr als Business Warehouse, sondern als SAP Business Intelligence 7.0.

Frontendwerkzeuge häufig gegen Systeme anderer Hersteller (vgl. auch Kapitel 3.3) austauschbar sind. In der Praxis werden alle vier Komponenten zusammen als Data Warehouse und nicht als analytisches Informationssystem bezeichnet. Das Zusammenspiel der vier Teilsysteme verdeutlicht noch einmal die Referenzarchitektur analytischer Informationssysteme in der Abbildung 4:

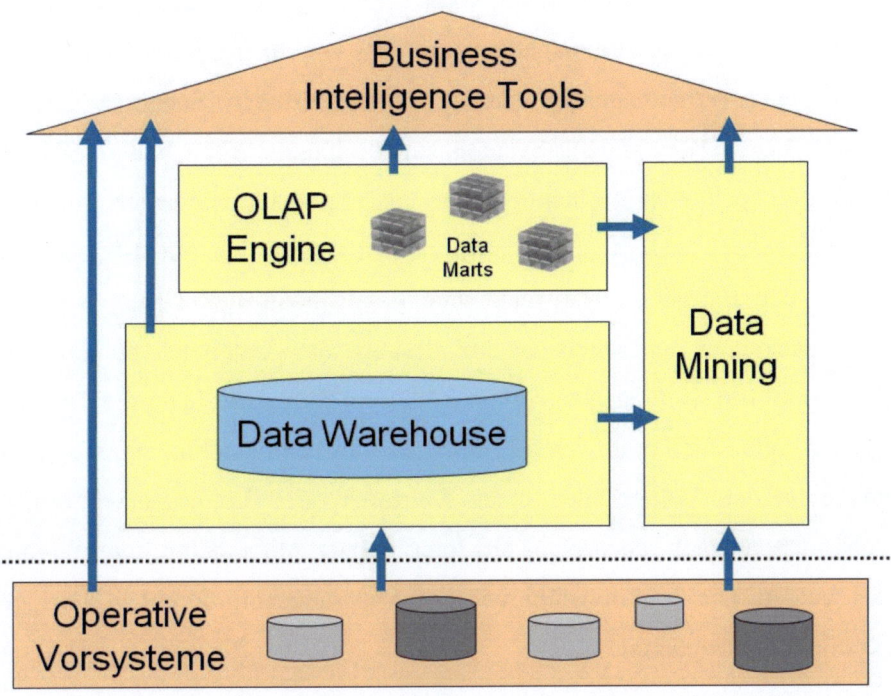

Abbildung 4: Referenzarchitektur analytische Informationssysteme
(eigene Darstellung in Anlehnung an Chamoni/Gluchowski 1999, S. 12)

Die Realisierung eines Managementreportings gleich welcher Ausprägungsform (vgl. Kapitel 2.3) mit einem AIS ist in Abhängigkeit vom verwendeten Software-Produkt in unterschiedlichem Maße mehr oder weniger gut möglich. Ein entsprechender Software-Auswahlprozess muss hier in jedem Falle vor Beginn der Implementierung alle Anforderungen genauestens untersuchen. Detailanforderungen wie die Kommentier-barkeit der Zahlen oder die Vorberechnung von komplexen betriebswirtschaftlichen Kennzahlen sind beispielsweise mit dem SAP Business Warehouse 3.5 nicht in hinreichendem Maße mit Standardmitteln realisierbar. Der wichtigste Erfolgsfaktor bei der Implementierung eines AIS für ein Managementreporting ist jedoch letztlich immer das zur Berichtserzeugung einzusetzende BIT, dessen Funktionalitäten und Kollaboration mit dem DWH darüber entscheiden, ob das Controlling den

Informationsbedürfnissen des oberen Managements entsprechende Berichte erstellen kann.

Aus Sicht der Datenversorgung hat ein AIS einen sehr entscheidenden Vorteil. Oftmals existiert bereits ein DWH aufgrund von anderen Reportinganforderungen oder weil es die Basis für ein anderes Planungs- oder Konsolidierungswerkzeug ist. In einem solchen Falle ist die Wahrscheinlichkeit hoch, dass kein anderes System in noch größerem Umfang Daten, die für das Managementreporting von Interesse sind, enthält. Zudem sind die oftmals verhältnismäßig einfach konnektierbaren Schnittstellenwerkzeuge schnell in der Lage, Daten anderer Systeme zu extrahieren. Wie schon an anderer Stelle erwähnt, ist es jedoch unwahrscheinlich, dass tatsächlich alle relevanten Daten in einem DWH vereinbar sein (vgl. Kapitel 2.5.3). Zudem steigen bei Nicht-Massendaten die Grenzkosten der Extraktion, da nicht nur der Upload der Daten, sondern auch Transformationsregeln und meistens mindestens ein Datenziel zu konfigurieren/ anzupassen sind. Ein weiterer Nachteil ist in diesem Zusammenhang die Tatsache, dass ein möglichst viele Daten umfassendes Enterprise DWH ein hochintegratives System ist. Änderungen an den Vorsystemen eines Konzerns oder die Implementierung neuer Datenziele müssen daher genauestens auf Interferenzen mit anderen Reportingbereichen abgeprüft werden. Die Reaktionsfähigkeit auf Änderungsanforderungen verringert sich daher für alle Reportingbereiche.

Zuletzt sei noch das Thema „Performance" angesprochen. Wenngleich ein DWH ein auf häufige Berichtsaufrufe optimiertes Berichtssystem ist, so ist damit trotz optimaler Modellierung noch keine Gewähr für fortwährend geringe Antwortzeiten gegeben. Insbesondere das Berechnen von hochkomplexen betriebswirtschaftlichen Kennzahlen in Berichten kann hier zu einem Engpass führen. Aber auch das parallele Ausführen anderer Berichte oder sonstiger Aktivitäten auf demselben DWH-Server wirken sich negativ auf die Ausführungszeiten eines Managementreportings aus.

3.3 Spezielle Frontendwerkzeuge

Der Einsatz von Frontendwerkzeugen, die nicht integrativer Bestandteil eines AIS-Paketes sind, ist, wie in Kapitel 3.2 formuliert, eine valide Alternative, um ein Managementreporting zu implementieren. Ausgangspunkt für jedes Projekt in diesem Bereich ist in der Regel die Aufnahme des Informationsbedarfs des Adressatenkreises und dieser sollte sich nicht nach technischen Möglichkeiten richten. Anbieter von speziellen Frontendwerkzeugen wie Arcplan Information Services, Cognos Incorporated oder Business Objects haben aus diesem Grunde so genannte Third-Party-Frontends oder -Tools entwickelt, die unabhängig von der Art des eingesetzten DWHs Berichte erzeugen und publizieren können. Ein Entwurfsschwerpunkt bei derartigen Produkten ist die intuitive und grafisch anspruchsvolle Gestaltbarkeit von Berichten. Diese Tools sind darüber hinaus potentiell in der Lage, auch nicht DWH-Quellen zu integrieren. Damit schließen sie eine wichtige Lücke in der Datenversorgung eines Managementreportings[13], wenn nicht alle relevanten Daten in einem DWH vorliegen. Der Einsatz eines Third-Party-Frontends muss also zwei wesentlichen Ansprüchen genügen, um gegenüber einem integrierten BIT Vorteile zu haben:

- eine den Anforderungen der Zielgruppe gerechter werdende Berichtserstellung und -verteilung und

- umfangreiche und ausgereifte Schnittstellentechnologien und Konnektoren zu Standard-Software-Produkten zum Zugriff auf die DWH-Daten und andere Datenquellen[14].

Dem stehen allerdings auch zu bewertende Nachteile gegenüber. Deren wichtigste sind:

- eine weitere Heterogenisierung der Systemlandschaft,

- negative Auswirkungen auf die Performance durch die zusätzliche Schnittstelle,

- mögliche Probleme bei der Datenselektion, wenn hinter der Datenablage des bezogenen Systems eine bestimmte Logik, wie beispielsweise im Bereich konsolidierter Finanzdaten, liegt und die eingesetzte Schnittstellentechnologie diese Logik nicht auflösen kann.

Vor- und Nachteile des Einsatzes einer Third-Party-Lösung sind projektspezifisch gegeneinander abzuwägen. In jedem Falle erlauben sie jedoch grundsätzlich die Erstellung sowohl umfangreicherer als auch hochverdichteter Managementreportings.

---

[13] Third-Party-Tools verfügen üblicherweise auch über ein Repository, in dem Berichtsmetadaten und evtl. weitere Zusatzinformationen, z. B. manuell eingegebene Werte, speicherbar sind. Eine eigene Datenhaltung der im Reporting zur Anzeige gebrachten Daten sollte trotz der vorhandenen Möglichkeiten im Sinne der Vermeidung von Datenredundanzen vermieden werden.

[14] Essentielle Schnittstellentechnologien für die Datenversorgung solcher Frontend-Werkzeuge sind u. a. ODBC (Open Database Connectivity), JDBC (Java Database Connectivity), ODBO (OLE DB for OLAP), XML-Konnektoren (XML: eXtensible Markup Language) und Konnektoren für Standard-Software, die auf den Hersteller-APIs (Application Program Interface), z. B. für Hyperion-, Oracle-, MIS-, SAP- oder MicroStrategy-Produkte zur Speicherung reportingrelevanter Daten, basieren (vgl. Sellentin 2000, S. 25 ff., Arcplan Information Services AG o. J., o. S., Stand: 21.02.2007 und Kapitel 4.3.1).

3.4 Spezielle Dashboard- und Scorecard-Lösungen

Spezielle Dashboard- und Scorecard-Lösungen sind im Gegensatz zu den bisher vorgestellten Implementierungsalternativen ganz gezielt für den einen Zweck der Wiedergabe von verdichteten Informationen für das Management entwickelt worden. Sie orientieren sich dabei in aller Regel an allgemeingültigen Design- und Ergonomierichtlinien, um die relevanten Informationen möglichst effektiv darzustellen. Zudem verfügen Sie standardmäßig über diverse Mittel, mit denen die Informationsinterpretation visuell unterstützt wird. Die Implementierung eines sehr umfangreichen Managementreportings mit der detaillierten Darstellung von Finanzdaten ist mit ihnen weder beabsichtigt noch durchführbar.

Bei Scorecard-Lösungen mit dem Anspruch der informationstechnologischen Unterstützung des Managementansatzes der Balanced Scorecard kommen weitere Kriterien hinzu. Beispielsweise sollten Berichtswerte in den typischen vier Perspektiven angezeigt werden und eine Verkettung von Ursachen und Wirkungen bei Abweichungen oder Veränderungen der dargestellten Werte muss ebenfalls möglich sein (Balanced Scorecard Collaborative o. J. a, o. S., Stand: 21.02.2007).

Aus technischer Sicht bestimmen zunächst dieselben Vor- und Nachteile, wie sie bereits das Kapitel 3.3 aufführte, die Diskussion bei Dashboard- und Scorecardlösungen. Allerdings stehen bei ihnen nicht in erster Linie Performanceaspekte aufgrund der zu beschaffenden Datenmenge zur Debatte, sondern es bereiten insbesondere die bei BSC-Systemen ausgeprägte Vielfalt der Daten und damit die Heterogenität der Datenquellen ein Problem (vgl. Jonen et al. 2004, S. 8, Stand: 21.02.2007). Die Integration von ausgereiften und umfassenden Datenzugriffstechnologien ist also zwingend, die Einbindung der Vorsysteme aber mit abnehmenden Datenvolumina pro Schnittstelle zunehmend ineffizienter (vgl. Oehler 2000, S. 84). An dieser Stelle ist eine Integrationstechnik wie die Verwendung von Web Services ein untersuchenswerter Ansatz. Ein weiteres Problem von speziellen Dashboard- und Scorecardlösungen ist aus Sicht des Systembetriebs die hohe Wahrscheinlichkeit, dass es z. B. für das Standardreporting einer weiteren - parallel zu betreuenden - Reportinglösung bedarf.

3.5 Eigenentwicklungen

Die im Zuge der bisherigen Erläuterungen zu konventionellen Implementierungs-alternativen genannten Nachteile sind sicherlich auch ein hinreichender Grund, über eine

Eigenentwicklung oder gar eine manuelle Vorgehensweise für das Managementreporting nachzudenken. Wie schon an anderer Stelle beschrieben, ist die hohe Zahl von manuellen BSC-Implementierungen ein sicheres Indiz für die Schwierigkeiten im Zusammenhang mit der Datenversorgung (vgl. Kapitel 2.5.3). Die Zuverlässigkeit und Wartung von eigenentwickelten Lösungen sowie die Nachvollziehbarkeit und Fehleranfälligkeit bei manuellen Berichtserstellungsprozessen sprechen jedoch dagegen.

Eine Hybridlösung stellt diesbezüglich ein komfortables Tool der Firma Hyperion dar (andere Anbieter haben vergleichbare Lösungen). Im Zusammenhang mit Hyperion's DWH-Produkt Essbase ist es möglich, Daten innerhalb von Microsoft Excel pro Zelle über die Funktionalität des Formeleditors zu selektieren und anzuzeigen. Damit und mit den grafischen Aufbereitungsmitteln von Microsoft Excel lässt sich verhältnismäßig unkompliziert auch ein umfangreiches Managementreporting aufbauen. Entscheidender Nachteil ist jedoch die Beschränkung auf genau ein System als Datenquelle.

3.6 Implementierung des Praxisbeispiels

Die Beschreibung des Referenzbeispiels eines Energieerzeugers (vgl. Kapitel 2.4) aus einer inhaltlichen Perspektive ergänzt das aktuelle Kapitel um Detailinformationen zur technischen Umsetzung.

Die Architektur für das Reporting des Praxisbeispiels basiert auf einem AIS. Da der Energieerzeuger eine IT-Strategie mit Ausrichtung auf SAP-Produkte verfolgt, wurde SAP BW 3.5 als Data Warehouse gewählt (vgl. Abbildung 5). Das BW ist technologisch mit dem SAP-Produkt SEM-BCS für die Konzernkonsolidierung sowohl für Ist- als auch Planwerte verbunden. [15] Operative SAP-Finanzsysteme liefern die Ist-Daten der Einzelgesellschaften an das BW. Plandaten gelangen über einen Dateiupload zur Weiterverarbeitung in das Data Warehouse. Das BW ist darüber hinaus im Sinne eines Enterprise Data Warehouses auch die zentrale Datenquelle für andere Reportingzwecke, beispielsweise für Marketing- und Liquiditätsmanagementdaten.

---

[15] SEM-BCS speichert seine Daten nicht mehr wie herkömmliche transaktionale Systeme in Tabellen einer klassischen relationalen Datenbank, sondern legt sie bereits in so genannten InfoProvidern, die wiederum die Basis für ein mehrdimensionales Ad-Hoc-Reporting oder aber auch Data Mining sind, ab. Andere Komponenten von SEM, beispielsweise SEM-BPS (Business Planning and Simulation) oder SEM-CPM-BSC (Corporate Performance Monitor - Balanced Scorecard) verfahren ebenfalls so. Diese Verschmelzung von Konsolidierungs-, Reporting-, Planungs- und anderen finanzwirtschaflichen Aktivitäten mit der Systemklasse AIS ist zunehmend auch bei anderen Herstellern zu beobachten. In diesem Zusammenhang ist auch häufig von BPM- (Business Performance Management), CPM- (Corporate Performance Management) oder EPM-Systemen (Enterprise Performance Management) die Rede (vgl. Schiff 2005, o. S., Stand: 21.02.2007).

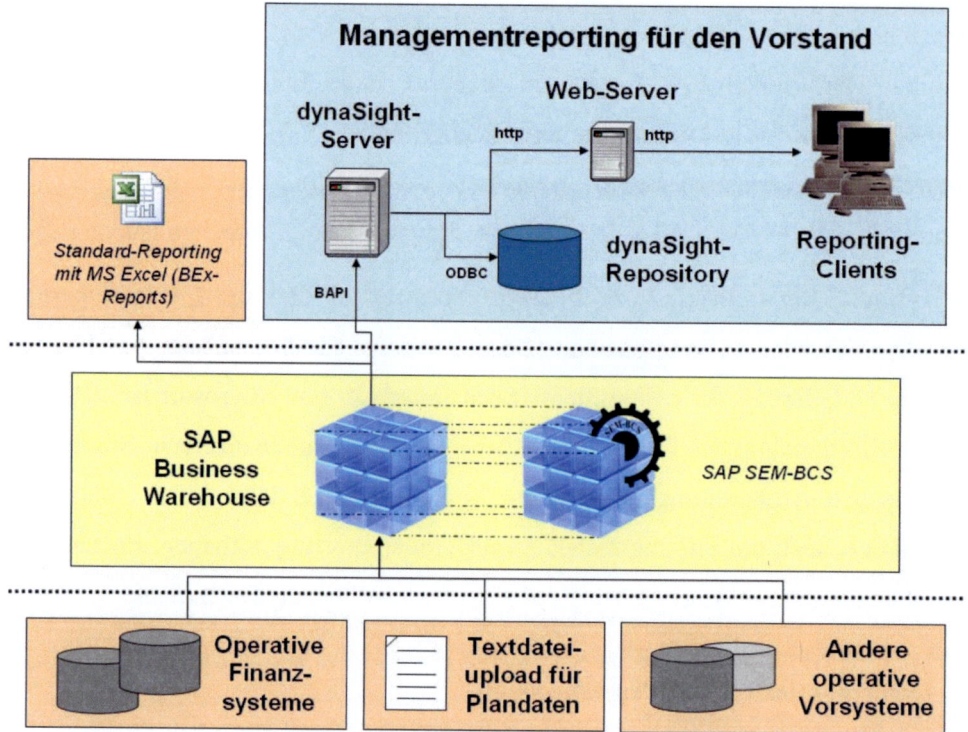

Abbildung 5: Implementierung des Praxisbeispiels
(eigene Darstellung)

Auf der Präsentationsebene kommen zwei Werkzeuge zur Anwendung. Für die Zwecke des Standardreportings nutzen das interne und das externe Rechnungswesen gleichermaßen das SAP BW Excel-Add-In „BEx" (Business Explorer). Für das Managementreporting hat sich der Energieerzeuger dagegen für dynaSight von der Firma Arcplan Information Services AG als zusätzliches BIT-Werkzeug entschieden, um den besonderen Anforderungen des Managementreportings an Darstellung und Interaktion besser Rechnung tragen zu können. DynaSight greift über eine gemeinsam mit SAP entwickelte native BAPI-Schnittstelle (BAPI: Business Application Programming Interface[16]) auf die Daten des BWs zu. Das BW ist hier die einzige originäre Datenquelle für das Managementreporting. Daneben gibt es noch ein dynaSight-Repository, in dem manuelle Eingabewerte, die nicht automatisiert abgreifbar sind, und Kommentierungen abgelegt werden (mittels ODBC). Aufgrund der vielfältigen Konnektoren und Schnittstellentechnologien von dynaSight sind zahlreiche weitere Datenquellen, die nicht in das BW einfließen, anschließbar. Davon macht der Energieerzeuger bisher jedoch noch keinen Gebrauch. Das Managementreporting ist

---

[16] BAPIs sind standardisierte SAP-spezifische Programmierschnittstellen, die den externen Zugriff auf Daten und Prozesse von SAP-Systemen erlauben (vgl. Egger 2003, S. 46).

vollständig web-basiert. Bei einem Berichtsabruf startet der Client über den Web-Server eine Datenanfrage an den dynaSight-Server. Dieser leitet die Anfrage wiederum in Abhängigkeit vom Bericht und den vorliegenden Daten weiter an das SAP BW und/oder das dynaSight-Repository.

Die implementierte Lösung konnte zwar die Anforderungen an ein Managmentreporting größtenteils erfüllen, die tägliche Arbeit offenbarte aber im Bereich der Datenbeschaffung/-versorgung erhebliche Nachteile: Da das Reporting inhaltlich im Grunde auf den gesamten Finanzdatenbestand zugreift, um sie verdichtet auf vielen Berichtsseiten darzustellen, benötigt das Erzeugen der vollständigen Berichtsmappe für den Vorstand durchaus mehrere Stunden. Weil zudem die Verknüpfung der dargestellten Werte im Managementreporting mit den hochgranularen Daten im BW sehr aufwändig ist, haben sich die Entwickler in vielen Fällen entschieden, identische BEx-Berichte im BW zu erzeugen, die dynaSight über die BAPI-Schnittstelle aufruft. Das BW übernimmt also die Verdichtung der Daten vorab im Moment des Berichtsaufrufs, wodurch sich die Performancesituation zwar etwas bessert, aber nicht grundsätzlich ändert. Nachteilig an dieser Vorgehensweise ist zum einen die redundante Berichtspflege und zum anderen erhöhen sich die reinen BW-Antwortzeiten für identische Berichte durch die zusätzliche Transferzeit über die Schnittstelle zu dynaSight.

In Bezug auf das KPI-Reporting hat sich in der praktischen Anwendung eine diffuse Situation ergeben: das BW 3.5 verfügt über keine dedizierten Werkzeuge zur KPI-Berechnung. Eine Berechnung findet üblicherweise entweder auf dem Wege des ETL-Prozesses (dieser entfällt bei der vorgestellten Implementierung jedoch für Ist-Daten, da diese über das SEM-BCS in das System gelangen) oder „on the fly" im Moment des Berichtsaufrufs und damit implizit durch die Berichtsdefinition statt. Die letztgenannte Alternative wurde angewendet. Andere KPIs wurden jedoch auch direkt in den dynaSight-Berichten definiert. Die Forderung nach einer konzernweit einheitlichen Definition von Kennzahlen geriet damit außer Reichweite. Aktuell versucht das Konzern-Controlling mit der Implementierung einer Access-Datenbank für die Kennzahlendefintionen dieser Entwicklung entgegenzuwirken. Eine notwendige Integration ist mit Access jedoch weder mit SAP BW noch mit dynaSight möglich.

Inwieweit Web Services die genannten Nachteile in diesem konkreten Fall beseitigen können, deckt ebenfalls das Kapitel 5 auf.

3.7 Komplementäre technologische Aspekte

Das Managementreporting steht aus der Perspektive der Informationsversorgung vor der Herausforderung, Daten aus verschiedensten Funktionsbereichen und Systemen integrativ für das Management aufzubereiten und zu präsentieren. Aus rein technologischer Sicht haben so genannte Enterprise Portale oder die Portaltechnologie das gleiche Ziel: die Integration von Informationen. Nach Meier et al. (2003, S. 77) ist ein Portal eine Benutzerschnittstelle in einem Web-Browser, die einen zentralen Zugang zu Daten und Software-Funktionalitäten in einem betriebswirtschaftlichen Kontext bietet. Im Falle des Konzerncontrollings könnte dieses Portal beispielsweise einen zusammenhängenden Zugriff auf alle relevanten Berichte, Analysetools, das Konsolidierungssystem, das Planungssystem und die finanzwirtschaftlichen Vorsysteme gewähren. Im Gegensatz zu einem Intranet ist dieser Zugang jedoch personalisierbar. Mit dem Blick auf das Berichtswesen leistet ein Portal jedoch keine „echte" Integration von heterogenen Systemlandschaften in Bezug auf deren Daten. Die angezeigten Informationen werden lediglich in einem gemeinsamen Kontext von verschiedenen Systemen als „Portlets", also - einfach ausgedrückt - Teilbereiche einer Bildschirm-anzeige, zur Verfügung gestellt und gemeinsam arrangiert auf dem Bildschirm des Benutzers angezeigt (vgl. Ferguson o. J. a, S. 1 f., Stand: 21.02.2007). Für die vollständige Realisierung eines Managementreportings sind sie daher nur begrenzt geeignet. Als Alternative zur reinen Darstellung und Verteilung eines Managementreportings bieten Portale jedoch einen guten Rahmen, weil der Benutzer über sie web-basiert auch auf alle anderen Werkzeuge, die im Zusammenhang mit der Erstellung dieser Berichte stehen oder ergänzend auch auf Groupware zur Berichtsdiskussion (Kommentierung) zugreifen kann.

Insbesondere für das obere Management ist das Web letztlich die bestmögliche Präsentationsalternative, da im Umgang mit diesem Medium hinreichend Übung - auch ohne aufwändige Schulungsmaßnahmen - bestehen sollte (vgl. Egger 2003, S. 35). Aus diesem Grunde ist es wohl auch nicht weiter verwunderlich, dass das Web-Reporting einen immer größeren Stellenwert einnimmt. Chamoni (2003, S. 12) geht noch einen Schritt weiter und sagt dem Web-Reporting im gemeinsamen Einsatz mit Web-Services einen hohen Stellenwert bei der Informationsversorgung in Unternehmen voraus. Allerdings lässt Chamoni offen, ob er damit auch explizit den Datenbeschaffungsprozess im Rahmen des Berichtswesens meint.

4 Web Services für die Datenversorgung

4.1 Datenintegration

Im Zuge der bisherigen Ausführungen wurde des Öfteren beiläufig von Integration gesprochen, wenn es aufbauend auf einer heterogenen Systemlandschaft um die Datenversorgung für den Zweck eines Managementreportings ging. Integration ist das „Urthema" der Wirtschaftsinformatik (Maurer et al. 2003, S. 3) und insbesondere die Datenintegration stellt heute die wichtigste Herausforderung bei der Applikations-entwicklung dar (vgl. dazu die Ergebnisse einer Befragung in White 2006, S. 2 f., Stand: 21.02.2007). Integrationsbemühungen können sich auf verschiedene Objekte oder Inhalte beziehen. Die nachstehende Abbildung 6 konsolidiert die Integrationsschichten-modelle von Schmietendorf/Lezius/Dimitrov et al. (2003, S. 9 f.), White (2006, S. 6 f., Stand: 21.02.2007) und Accenture (2006, S. 9) und nennt zu jeder Schicht den Integrationsgegenstand:

Integrationsschicht	Integrationsgegenstand
Ubiquitous Integration	Alle Integrationsschichten
Kollaborationsintegration	Arbeitsinhalte, Zusammenarbeit mit Partnern, Kommunikation
(Geschäfts-)Prozessintegration	Aufgaben, Prozeduren, Prozesse
Applikationsintegration	Daten und Funktionalitäten der existierenden Applikationen
Daten-/Metadatenintegration	Applikationsspezifische Datenbanken, Metadatenmodelle
Middlewareintegration	Middleware-Software zur Realisierung von Peer-to-Peer-Verbindungen
Plattformintegration	Netzwerktypen, Hardwareplattformen, Betriebssysteme

Abbildung 6: Integrationsschichten und Integrationsgegenstände
(eigene Darstellung nach Schmietendorf et al. 2003, S. 9 f., White 2006, S. 6 f., Stand: 21.02.2007 und Accenture 2006, S. 9)

Die beiden untersten Integrationsstufen der Abbildung 6 mit dem Bezug auf Hardwareplattformen und Middleware-Software sowie die Integrations-Zukunftsvision „Ubiquitous Integration", also eine allgegenwärtige Integration, die gewissermaßen eine nahtlose Informationsversorgung aus der Steckdose bietet, sind nicht Gegenstand dieser Arbeit. Der zentrale Schwerpunkt ist die Datenintegration. Trotz der begrifflichen Nähe dieser Integrationsschicht zum Thema „Datenversorgung" rückt aus Sicht des Berichtswesens auch die darüberliegende Stufe in den Fokus. So ist es vorstellbar, dass größere Datenmengen über Standardabfrage-Funktionalitäten eines existierenden operativen Vorsystems oder eines DWHs in ein Managementreporting einfließen. Hier ist bereits die Integrationsschicht der Applikationsintegration erreicht.

Die Prozessintegration ist wiederum nicht relevant für das Momentaufnahmen abbildende Managementreporting. Die Kollaborationsintegration hat dagegen zumindest einen komplementären Stellenwert im Zusammenhang mit der Kommentierung und Diskussion eines Managementreportings aus ganzheitlicher Sicht. Für die Datenversorgung im engeren Sinne, also die Versorgung mit Finanzdaten und betriebswirtschaftlichen Kennzahlen, spielt sie jedoch keine Rolle.

Die Hauptaufgabe der Datenintegration im Rahmen des Berichtswesens ist die Schaffung eines einheitlichen Zugriffs auf alle reportingrelevanten Geschäftsdaten innerhalb und ggf. auch außerhalb eines Unternehmens. Noch vor wenigen Jahren schien die physische Datenkonsolidierung verschiedener Quellen in einem Data Warehouse die einzige Möglichkeit zu sein, um dieser Aufgabe gerecht zu werden (vgl. Leßweng 2003, S. 305 ff.). Eine neuere Methode ist dagegen die virtuelle Zusammenführung von Daten zum Zeitpunkt des Informationsbedarfs (Datenföderation). Die dieses Verfahren realisierende Technologie wird als Enterprise Information Integration (EII) bezeichnet (vgl. auch Kapitel 4.3.1). Eine dritte Form der Datenintegration ist der Datenaustausch zwischen gekoppelten Systemen zum Zwecke der Weiterverarbeitung im Zielsystem. Enterprise Application Integration (EAI) ist die Integrationstechnologie, die einen solchen Datenaustausch möglich macht. Darüber hinaus integriert EAI - die Datenintegrationsschicht verlassend - Applikationen und gestattet auch den Austausch von Nachrichten und Ereignissen. Das dahinterliegende Ziel ist die Unterstützung und auch wiederum die Integration von operativen Geschäftsprozessen innerhalb eines Unternehmens (vgl. Kaib 2002, S. 79). Dies geht weit über den Betrachtungsrahmen des

Managementreportings hinaus. Technologisch schlägt EAI damit aber die Brücke zu Web Services.

Web Services sind nach Alonso et al. (2004, S. 123) ein auf EAI folgender Evolutionsschritt, der sich nicht nur auf die unternehmensinterne, sondern auch -externe Prozessintegration bezieht und dies konsequent über die Nutzung von standardisierten Web-Technologien erreicht. Die intensive Auseinandersetzung mit Web Services in den letzten Jahren eröffnete jedoch viele weitere Einsatzmöglichkeiten. Inzwischen gelten sie daher auch explizit als Mittel zum Zugriff auf unternehmensinterne Daten im Rahmen eines B2E-Szenarios (B2E: Business to Employee; vgl. Jeckle 2002, S. 14, Stand: 21.02.2007). Bevor das Kapitel 4.3 im Detail eröffnet, welche konkreten technologischen Möglichkeiten Web Services für die Datenversorgung eines Managementreportings bieten, erläutert das Kapitel 4.2 die Grundzüge der Web Service-Technologie.

4.2 Technologische Grundlagen von Web Services

4.2.1 Definition und grundlegende Standards

Das World Wide Web Konsortium (W3C) definiert Web Services als Software-Applikationen, die über einen Universal Resource Identifier (URI) identifizierbar sind und deren Schnittstellen sich über XML-Artefakte (XML: eXtensible Markup Language) beschreiben lassen. Weiteres Kernelement ist der auf Internetprotokollen basierende Datenaustausch über XML-Dokumente (W3C 2002, o. S., Stand: 21.02.2007). Die „Software-Applikationen" verkörpern dabei nicht eine vollständige Applikation im herkömmlichen Sinne, sondern eine abgrenzbare Applikations-funktionalität, die sie wiederum anderen Komponenten oder Applikationen als „Service" zur Verfügung stellen. XML dient dabei als Beschreibungs- und Strukturierungssprache für die zwischen den Services ausgetauschten Daten und Nachrichten.

Weitere Standards/Protokolle sind in der eingangs aufgeführten Definition nicht benannt, obwohl SOAP (Simple Object Access Protocol), WSDL (Web Services Description Language) und UDDI (Universal Description Discovery and Integration) in der Literatur häufig definitorische Eckpfeiler von Web Services darstellen (so z. B. in Ferrara/MacDonald 2002, S. 11 oder Schmietendorf/Lezius/Dimitrov et al. 2003, S. 15).

Tatsächlich sind SOAP, WSDL und UDDI nicht konstituierend für die Web Service-Technologie, aber sie stellen aufgrund der weiten Verbreitung einen De-facto-Standard dar, dessen Nutzung schon allein aus Kompatibilitätsgründen ratsam ist. SOAP, WSDL und UDDI stellen die grundlegende Infrastruktur für die Arbeit mit Web Services bereit. Mittels SOAP findet der initiale Aufruf und die Kommunikation zwischen der den Service aufrufenden und der den Service anbietenden Seite statt. Serviceanfragen und Rückmeldungen vom Serviceanbieter werden jeweils vor Sendung über das Internet basierend auf SOAP kodiert. Für den Austausch von SOAP-Nachrichten kommt meistens HTTP als Transportprotokoll zum Einsatz; möglich sind aber auch andere Protokolle oder Übertragungstechniken wie SMTP (Simple Mail Transport Protocol) bzw. Sockets. WSDL ist der Standard, der einen Web Service so beschreibt, dass ein Nutzer weiß, wie er ihn in einem Applikationskontext aufzurufen und dessen zurückgegebenes Ergebnis zu verarbeiten hat. Zu dieser Beschreibung gehören die Auflistung der Methoden, die Datentypen für alle Parameter und Rückgabewerte und die unterstützten Kommunikationsmethoden (vgl. Ferrara/MacDonald 2002, S. 11). UDDI ist abschließend ein Verzeichnisformat, mit dem ein Web Service-Konsument angebotene Web Services im Internet ausfindig machen kann. Die meisten Unternehmen verfügen bereits über ein privates UDDI (vgl. Ferguson o. J. b, S. 1, Stand: 21.02.2007). Insbesondere im Falle einer B2E-Einsatzumgebung wie dem Managementreporting ist dies aus Sicherheitsgründen natürlich auch zwingend. Sowohl SOAP als auch WSDL und UDDI basieren auf XML.

Aufbauend auf der W3C-Definition und den Ausführungen zu SOAP, WSDL und UDDI lassen sich Web Services letztlich als eine Art von Web-Applikation, die mit einem speziellen Paket von Protokollen und Standards arbeitet und von anderen Programmen aufgerufen wird, um eine in ihr eingeschlossene Applikationsfunktionalität zu nutzen, umschreiben. Web Services sind damit im Prinzip nichts anderes als Wrapper, also Programme, die zwischen einem aufrufenden und einem eingeschlossenen Coding agieren.

4.2.2 Wirkungsweise von Web Services

Die Eckpfeiler eines Web Service-Aufrufs sind der Diensteanbieter, der Dienstekonsument, das Diensteverzeichnis und die gerade erläuterten Standards, mit denen diese drei Seiten zusammenwirken. Die Abbildung 7 demonstriert die Schritte, die vom Auffinden und Aufrufen eines Web Services bis hin zur Rücklieferung eines Ergebnisses zu durchlaufen sind. Der Vollständigkeit halber startet der Erklärungsfluss der Abbildung aber mit dem Erstellen des Web Services.

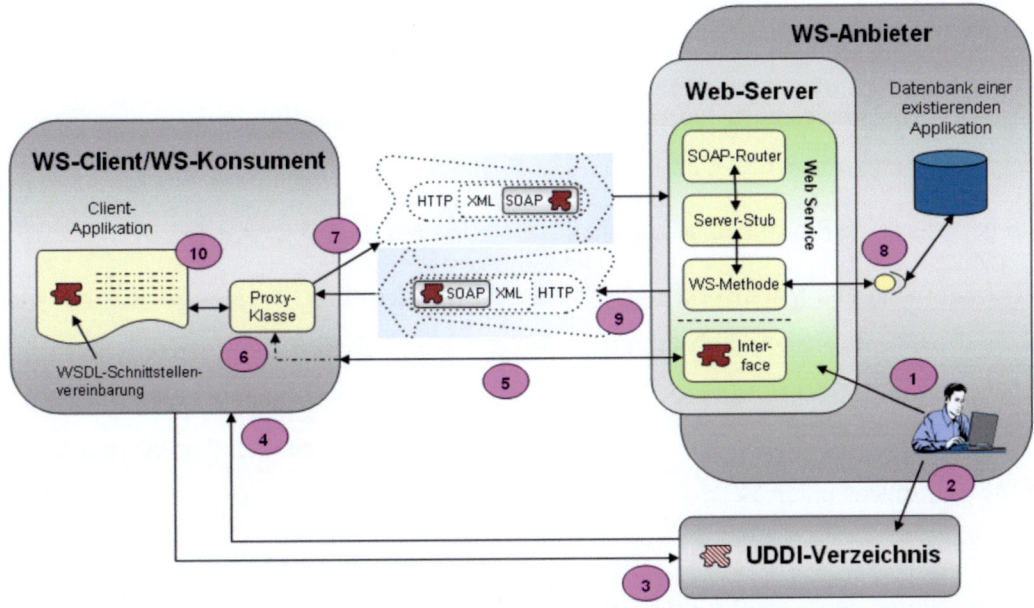

Abbildung 7: Wirkungsweise von Web Services
(eigene Darstellung)

Die in der Abbildung gezeigten Schritte sind - für Client- und Serverentwicklungen eine .NET-Entwicklungsumgebung antizipierend - im Einzelnen:

(1) Ein Programmierer erzeugt in der Entwicklungsumgebung für eine existierende Anwendung und eine bereits bestehende Funktionalität eine Klasse mit Attributen, kapselt die betrachtete Anwendungsfunktionalität in ihr und definiert sie als Web Service. Für den in dieser Arbeit zu untersuchenden Kontext könnte das der gekapselte Zugriff auf eine Datenbank sein (vgl. Kapitel 4.3). Die Entwicklungsumgebung erzeugt automatisch ein WSDL-Dokument zur Kommunikation mit dem Web Service sowie einen Server-Stub und nimmt die Registrierung beim SOAP-Router vor.

(2) Der Web Service ist jetzt funktionsfähig und aufrufbar, aber seine Existenz ist potentiellen Konsumenten noch nicht bekannt. Der Entwickler nimmt daher anschließend die UDDI-Registrierung mit einer auf das WSDL-Dokument referierenden Schnittstellenbeschreibung vor. Damit ist der Web Service vollumfänglich durch WS-Nutzer einbindbar.

(3) Eine Client-Anwendung sucht nun im UDDI-Verzeichnis nach einem Web Service zum Abruf von Daten der existierenden Datenbank.

(4) Da der gesuchte Web Service registriert ist, erhält der Client vom UDDI-Verzeichnis einen Link (URI) auf den Service. In der Client-Applikation ist anschließend manuell die entsprechende Web-Referenz auf den Service hinzuzufügen.

(5) In einem weiteren automatischen Schritt inspiziert die Laufzeitumgebung des Clients das WSDL-Dokument des Web Services und

(6) generiert eine Proxy-Klasse zur Kommunikation mit dem Web Service.

(7) Damit sind alle Voraussetzungen für den Aufruf des Web Services geschaffen. Aus Sicht des Clients erfolgt der Methodenaufruf des Web Services wie bei einem normalen Methodenaufruf. „Hinter den Kulissen" übernimmt jedoch die erzeugte Proxy-Klasse die weitere Arbeit. Sie konvertiert die nativen Datentypen der rufenden Applikation in ein XML-Dokument unter Verwendung des SOAP-Formats und des gewählten Transportprotokolls.

(8) Dem durch den SAP-Router erkannten Aufruf folgt aufgrund des angegebenen URIs der Folgeaufruf des Server-Stubs, der wiederum die Datenbankabfrage startet.

(9) Über denselben Weg gibt der Web Service anschließend die abgefragten Daten zurück an den Client, der

(10) die erhaltenen Daten, beispielsweise in einer Reportingapplikation, weiterverarbeiten kann.

4.2.3 Koordination und Komposition von Web Services

Das Ergebnis einer singulären Publizierung und Nutzung von Web Services ist grundsätzlich auch mit anderen technischen Mitteln wie Remote Function Calls (RFC) erreichbar. Die hinter Web Services liegende Philosophie ist jedoch vielmehr das Angebot einer hohen Anzahl von wiederverwendbaren Funktionalitäten, die verhältnismäßig unkompliziert über die im vorangegangenen Kapitel genannten Standards auffindbar sind und in einer Applikation, eine gemeinsame Aufgabe wahrnehmend, eingebunden werden können (vgl. die Definition in Moitra/Ganesh 2006, S. 923). Dieses Architekturprinzip ist bekannt als serviceorientierte Architektur (SOA). Neben dem einfachen Austausch von Daten zielt diese Architektur aber insbesondere auf die Schaffung von höherwertigen Diensten durch die gezielte Kompositionen von elementaren Web Services ab (vgl. Wimmer et al. o. J., o. S., Stand: 21.02.2007).

Kapitel 4.2.2 beschrieb lediglich den Aufruf eines unabhängig von anderen Funktionalitäten agierenden Web Services. Sobald aber mehrere Web Services in einer bestimmten Sequenz zum Einsatz kommen oder gar in Abhängigkeit voneinander agieren müssen, dann bedarf es einer Erweiterung der in Kapitel 4.2.1 aufgeführten Infrastrukur, denn die WS-Aufrufe müssen koordiniert werden. Eine zweite Form der WS-Interaktion bezieht sich auf Web Services, deren Business-Logik die Funktionalitäten eines anderen Web Services zur Laufzeit aufruft oder einen anderen Web Service als Datenquelle nutzt. In diesem Fall spricht man von Service-Komposition. Sowohl für die Koordination von WS-Aufrufen als auch für die Service-Komposition sind weitere Protokolle und infrastrukturelle Erweiterungen erforderlich (vgl. Alonso et al. 2004, S. 197 und S. 245). Die wichtigsten Koordinationsprotokolle sind WS-Coordination und WS-Transaction. Für die Service-Komposition hat sich BPEL4WS (Business Process Execution Language for Web Services) etabliert.

Alle diese Protokolle und die dafür notwendige Infrastruktur sollen hier jedoch nicht weiter diskutiert werden, da für den Vorschlag der Managementreporting-Lösung in Kapitel 5 keine derartigen WS-Interaktionen geplant sind. Die angedachte Lösung ist vielmehr abstrahiert als Datenkollektor auf Basis von unabhängig voneinander agierenden Web Services zu verstehen.

4.3 Integrierte Datenversorgung mit Web Services

Die Konvergenztendenzen in den Bereichen der analytischen Informationssysteme, der Web Service-Technologie sowie in der Datenintegration haben für die Kategorie der Web Services, die explizit zur integrierten Datenversorgung dienen, einen neuen Begriff geboren: BI-Web Services (BI: Business Intelligence, vgl. dazu auch Schwalm/Bange 2004, S. 13). Im Weiteren subsumiert der Autor unter BI-Web Services alle die Services, mit denen im Rahmen der Reporterzeugung auf Datenquellen wie

- relationale, objektorientierte u. a. DBMS (Database Management System; z. B. Oracle-, Access-, Web-Datenbanken),
- von Applikationen gekapselte Datenquellen (z. B. SAP-Datenbankserver),
- multidimensionale Datenquellen eines AIS und
- Text- oder XML-Dateien zugegriffen werden kann.

Wie bereits zu Beginn des vierten Kapitels erwähnt, rückt für die Datenversorgung eines Managementreportings nicht nur die Datenintegrationsschicht, sondern auch die Applikationsintegrationsschicht in den Blickpunkt. Analog dazu unterscheidet Ferguson (o. J. b, S. 2 ff., Stand: 21.02.2007) nach BI-Web Services auf der Datenebene und BI-Web Services auf der Applikationsebene.[17]

4.3.1 BI-Web Services auf der Datenebene

Unter BI-Services auf der Datenebene sollen hier alle die technischen Möglichkeiten verstanden werden, die insbesondere einem Reporting je nach Anforderung eine Menge von Datensätzen aus einer der in Kapitel 4.3 genannten Quellen zur Verfügung stellen kann. Der Autor unterscheidet in diesem Zusammenhang sechs verschiedene BI-WS-Typen:

1.) Datenbanknahe Web Services,
2.) Web Services für konventionelle Datenbankzugriffe,
3.) Zugriff auf gekapselte Datenquellen,
4.) Zugriff auf multidimensionale Datenquellen,
5.) ETL-Web Services und
6.) EII-Web Services.

(1) Datenbanknahe Web Services liefern Datensätze gemäß einer an sie gerichteten SQL-Anfrage (SQL: Structured Query Language) und werden durch das Datenbanksystem aktiv angeboten. Häufig sind sie auch mit einer begrenzten Applikationslogik (Stored Procedures) versehen, die über die reine Datenselektion hinausgeht. In diesem Fall tragen sie auch die Bezeichnungen User Defined Functions (UDF), beispielsweise bei DB2-Zugriffen (DB2: Systemdatenbank von IBM) oder PL/SQL-Web Services bei Oracle's Systemdatenbanken. Die DBMS vieler Hersteller ermöglichen mittlerweile die Publizierung solcher Logikbausteine, in denen beispielsweise auch KPI-Berechnungen stattfinden können.

(2) Web Services für konventionelle Zugriffe auf DBMS verwenden in aller Regel den von Microsoft entwickelten De-facto-Standard ODBC (Open Database Connectivity) für die Ausführung von SQL-Abfragen oder JDBC (Java Database Connectivity) für den

---

[17] Ferguson erwähnt in derselben Quelle auch noch BI-Web Services für die Prozessebene für den Fall, dass On-demand Daten im Rahmen eines Geschäftsprozesses oder für das so genannte Business Activity Monitoring (BAM), also die operative Überwachung beispielsweise von Produktionsprozessen zu beschaffen sind. Beides ist für ein Managementreporting nicht von Relevanz. Die zur Anwendung kommenden Techniken sind zudem die gleichen wie bei BI-Web Services für die Daten- und die Applikationsebene.

Datenbankzugriff aus Java-Programmen. Mit ODBC ist im Übrigen auch der Zugriff auf Microsoft Excel-Quellen möglich. Datenbankzugriffe über native APIs der Datenbankhersteller fallen ebenfalls in diese Kategorie.

(3) Zugriff auf gekapselte Datenquellen: In einer realen Systemumgebung eines Unternehmens liegt ein Großteil der operativen Daten gekapselt in proprietären Vorsystemen, wie beispielsweise SAP R/3 (vgl. ergänzend Sellentin 2000, S. 116). Ein direkter (lesender) Zugriff auf die unter der Applikationsschicht liegenden Datenbankserver ist zwar technisch möglich, aber oft aufgrund der immanenten Applikationslogik nicht sinnvoll. Zudem bietet beispielsweise SAP eine Reihe von Funktionsbausteinen und Klassen/Methoden zur Datenselektion an, die in den Komponenten selber Verwendung finden und daher auch für Datenzugriffe von Web Services nutzbar sind. Mit SAP Netweaver, SAP's WS-basierter Arbeitsplattform, ist es beispielsweise möglich, jeden „traditionellen" Funktionsbaustein mit wenigen Einstellungen als Web Service zu publizieren.

(4) Der Zugriff auf multidimensionale Datenquellen durch Web Services ist technologisch auf derselben Stufe angesiedelt wie die Web Services für den Zugriff auf konventionelle DBMS. Zum Einsatz kommen aber spezifische Schnittstellenstandards zum Absetzen multidimensionaler Abfragen. Weit verbreitet ist der unter Führung von Microsoft, Hyperion und SAS entwickelte Standard XML for Analysis (XML/A), dessen Wurzeln in dem ebenfalls von vielen Herstellern unterstützten ODBO-Standard (ODBO: Object Linking and Embedding Database for OLAP, auch OLE DB for OLAP) von Microsoft liegen (vgl. Schwalm/Bange 2004, S. 8).

(5) ETL-WS erweitern die „Reichweite" traditioneller ETL-Tools, die im Rahmen von AIS als Batch-Jobs Daten aus operativen Vorsystemen und anderen Quellen mit dem Ziel der Speicherung in einem Data Warehouse extrahieren. Neuere ETL-Tools können als Datenziel auch Web Services verarbeiten. Eine abschließende Speicherung in einer Zieldatenbank ist aber auch in diesem Falle erforderlich. Aus Sicht eines Managementreportings ist jedoch grundsätzlich keine (zusätzliche) Datenkonsolidierung und damit -speicherung erwünscht. Die technologische Verwirklichung der Datenföderation in Form von EII-Web Services erscheint daher vielversprechender (vgl. Kapitel 4.1).

(6) EII-Web Services schließen die Anforderungslücke eines Managementreportings in Bezug auf ETL-Web Services. Das Datenziel eines EII-Web Services ist nicht mehr eine

Datenbank, sondern eine die Daten bei Bedarf anfordernde und verarbeitende Applikation (vgl. Ferguson 2006, o. S., Stand: 21.02.2007). Die Datenquelle ist ein EII-Server. Technologisch verbirgt sich hinter EII eine virtuelle Zusammenführung unterschiedlicher Datenquellen in Form eines umfassenden Views (vgl. Abbildung 8). Ein Data Staging wie bei der Verwendung eines ETL-Werkzeugs ist überflüssig. Grundlegende Voraussetzung für die Einführung der EII-Technik ist die Definition eines gemeinsamen Datenmodells und eines Mappings je Datenquelle, wobei auch mehrere Modelle für verschiedene Zielapplikationen denkbar sind.

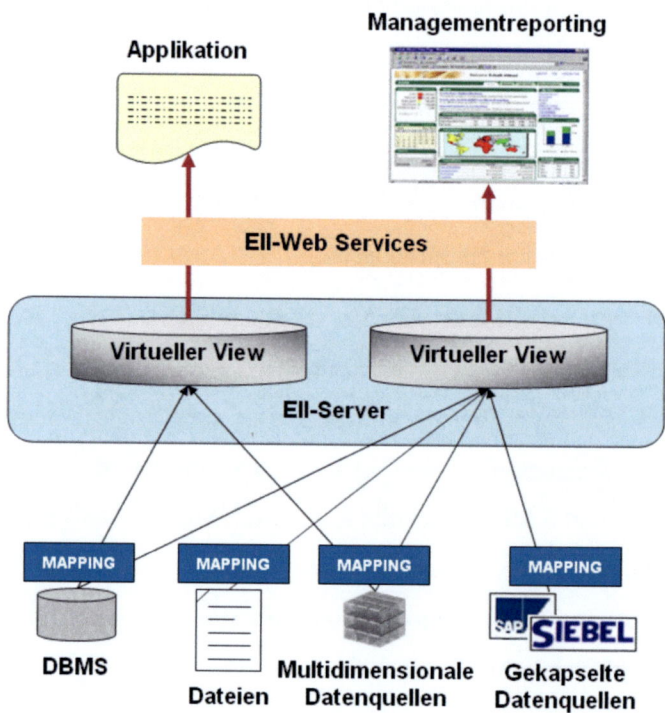

Abbildung 8: Verwendung von EII-Web Services
(eigene Darstellung nach Ferguson 2006, o. S., Stand: 21.02.2007)

In den bisherigen Ausführungen war lediglich die Rede von Web Services zur Datenvorsorgung, ohne dabei zwischen Bewegungs- und Stammdaten oder gar Metadaten zu differenzieren. Stammdaten müssen i. d. R. für Managementreportings nicht explizit geladen werden, weil keine weitergehenden Navigationen, Filterungen und dergleichen vorgesehen sind. Anders sieht es dagegen mit den Daten beschreibenden Metadaten, wie KPI-Definitionen o. ä., aus. Ein Reporting kann das Vertrauen seiner Benutzer erst dann nachhaltig erlangen, wenn Metadaten zeigen, woher die Daten kommen oder wie die Berechnung von KPIs erfolgte (vgl. Ferguson o. J. c, o. S.,

Stand: 21.02.2007). Unabhängig von den besonderen Bedürfnissen eines Managementreportings stellt es für BI-Web Services jedoch grundsätzlich (von teilweise unterschiedlichen Speicherungs- und Behandlungsmethoden in den Quellsystemen abgesehen) keinen Unterschied dar, ob sie Bewegungs-, Stamm- oder Metadaten für eine Web-Applikation beschaffen.

Die Beurteilung des Sinngehalts des Einsatzes der in diesem Kapitel erläuterten Typen von BI-Web Services zur Datenversorgung insbesondere unter Performance-gesichtspunkten ist essentiell für deren Verwendung in einem Managementreporting. Diese Evaluierung liefert ebenfalls das Kapitel 5 im Rahmen der Diskussion konkreter Lösungsvorschläge für ein Managementreporting.

4.3.2 BI-Web Services auf der Applikationsebene

Ergänzend seien an dieser Stelle noch die BI-Web Services auf der Applikationsebene erwähnt. Diese liefern einer Zielapplikation keine Daten auf Einzelsatzebene, sondern starten in den bezogenen Systemen den Lauf kompletter Querys oder ganzer Berichte und geben ihr das gerenderte XML-Ergebnis zur Weiterverarbeitung zurück. Das Prinzip ist vergleichbar mit dem Einsatz von BAPIs zum Import ganzer Berichte wie ihn das in Kapitel 3.6 erklärte Referenzbeispiel eines Energielieferanten vorsieht.

Eine weitere Spielart von BI-Web Services auf der Applikationsebenen führt die Darlegungen zur Portaltechnologie (vgl. Kapitel 3.7) und zur Kollaborationsintegration (vgl. Kapitel 4.1) zusammen. Führende Anbieter von Enterprise Portalen wie SAS, Cognos, Business Objects oder SAP sind in der Lage, Web Services zur Darstellung von Reporting- und anderen Inhalten einzubinden. Voraussetzung dafür ist jedoch die Publizierung von Web Services als Portlets auf Basis von Standards wie WSRP (Web Service Remote Portals) oder JSR 168 für Java-Plattformen (JSR: Java Specification Request).

Die Verwendung solcher BI-Web Services der Applikationsebene ist überall da als sinnvoll zu erachten, wo eine kritische Menge von Daten in einer einzigen Datenquelle vorliegt.

5 Referenzlösungen mit Web Services zur Datenversorgung

5.1 Web Services als Datenquelle für Dashboard- und Scorecard-Lösungen

Das vorangegangene Kapitel belegt, dass die technischen Möglichkeiten zur Datenversorgung eines Managementreportings mit Web Services in ausreichendem Maße vorhanden sind. Das vierte Kapitel stellte ebenfalls heraus, dass ein klassisches B2E-Szenario wie ein Managementreporting als Einsatzgebiet für Web Services denkbar ist.

Ein nächster Evaluierungsschritt ist nun die Überprüfung konventioneller Implementierungsalternativen hinsichtlich ihrer Adoption der Web Service-Technologie zur Datenbeschaffung. Als Untersuchungsausschnitt wurden dazu die Dashboard- und Scorecard-Lösungen als Spezialform von Managementreporting-Werkzeugen gewählt. Auf dem Wege einer per E-Mail, teilweise auch telefonisch, durchgeführten Befragung richtete der Autor an 56 Anbieter solcher Lösungen die Frage, ob sie in ihrem Produkt eine Datenversorgung mittels Web Services vorgesehen haben (weitergehende Fragen wurden nicht gestellt).

Die Grundgesamtheit der 56 Anbieter ist eine Zusammenstellung der Nennungen aus den folgenden vier Quellen:

- BSC Software.info o. J, o. S., Stand: 21.02.2007,
- BARC o. J., o. S., Stand: 21.02.2007,
- Küpper 2005, S. 238 und
- Balanced Scorecard Collaborative o. J. b, o. S., Stand: 21.02.2007.

Eine vollständige Übersicht aller Anbieter mit ihrem Dashboard- oder Scorecard-Produkt befindet sich im Anhang. Andere BITs, Reportingwerkzeuge oder auch Portale derselben Hersteller, auch wenn sie Web Services als Datenquelle verwenden, sind hier nicht aufgeführt.

Von den 56 Anbietern unterstützen bereits 20 die Nutzung von Web Services zur Datenbeschaffung. Weitere 20 Anbieter sehen Web Services nicht zur Datenversorgung vor. 15 Anbieter antworteten auch nach wiederholten Kontaktversuchen nicht auf die Anfrage und ein Anbieter hat seine Scorecard-Lösung aus dem Angebot genommen (vgl. das Diagramm in Abbildung 9).

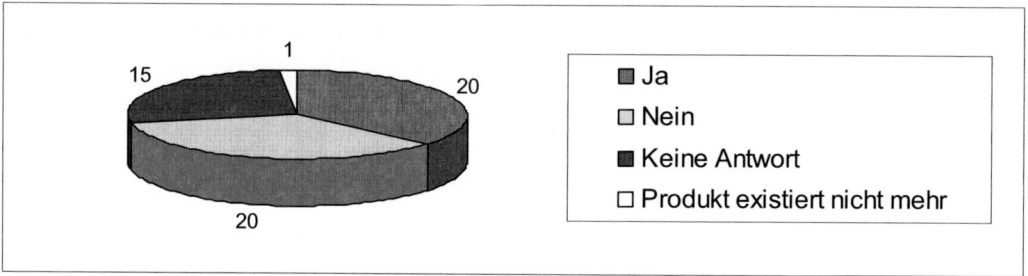

Abbildung 9: Web Services als Datenquelle für Dashboard- /Scorecard-Lösungen

Hinter der Antwort „Ja" verbergen sich in Abhängigkeit vom Design der Lösung verschiedenste Varianten der WS-Implementierung. Strategic Performance Management von SAS oder der Metrics Manager von Cognos setzen beispielsweise auf einem EII-Server auf, der die Datenversorgung übernimmt. Andere Produkte verfügen über eine eigene Datenbank, in die mittels Web Services Daten geladen werden können (z. B. HyScore von der Firma Hyperspace). Ebenso zählt der Autor zu der Gruppe der 20 WS unterstützenden Produkte auch die, bei denen die Einbindung von Web Services mit einem moderaten Programmieraufwand vorgesehen ist und jene, die in ihrem aktuellen Entwicklungsrelease Web Service-Datenbeschaffungen implementieren.

Auffallend ist, dass sowohl SAP's Balanced Scorecard (SEM CPM-BSC) als auch der Microsoft Office Business Scorecard Manager 2005 zwar vollständig auf SOA-unterstützenden Plattformen basieren, selbst aber keine Datenversorgung mittels Web Services vorsehen. Im Falle von SEM CPM-BSC ist lediglich eine Integration mit BW-Berichten und Daten aus anderen SAP-Modulen wie HR (Human Resources) oder anderen SEM-Komponenten wie BCS möglich. Der Scorecard Manager 2005 lässt sich zwar unter Nutzung von Web Service- und SharePoint-Technologien konfigurieren, allerdings basiert er auf dem Microsoft SQL Server und unterstützt daher nur ODBC- und XML/A-Datenquellen. Produktpolitik ist hier vermutlich der ausschlaggebende Grund.

Die zusammenfassende Erkenntis der durchgeführten Befragung ist, dass bereits die Hälfte der Anbieter, die geantwortet haben, eine Datenversorgung mit Web Services vorsieht und es sich damit nicht mehr nur um eine vielversprechende Idee, sondern um eine in der Realität akzeptierte Datenversorgungsalternative handelt.

5.2 Prämissen und Konsolidierung der Anforderungen

Für die weitere Evaluierung ist es notwendig, Prämissen zu formulieren, um möglichen Referenzlösungen einen geeigneten Rahmen für die Einschätzungen geben zu können. Neben den in Kapitel 2.5.1 aufgeführten funktionalen Aspekten sollen die darzustellenden Referenzlösungen auch den folgenden technischen Anforderungen genügen:

- vollständige Datenversorgung mit Web Services - Diese Forderung ist in der Realität nur dann sinnvoll, wenn das implementierende Unternehmen bereits eine sehr umfassende SOA-Strategie verfolgt. Aber selbst dann ist es fraglich, ob ein Zugriff mittels Web Services auf ein vorhandenes Enterprise Data Warehouse, das womöglich die Mehrheit aller managementreporting-relevanten Daten enthält, den konventionellen Standardzugriffsmitteln vorzuziehen wäre. Die Forderung nach einer vollständigen Datenversorgung mit Web Services ist dennoch als gemeinsame Ausgangsbasis für die Evaluierung unterschiedlicher Referenzlösungen und des Sinngehalts des Einsatzes von Web Services erforderlich.
- keine Datenhaltung in der Reportinglösung (außer für Metadaten, Kommentare, manuelle Eingabewerte und historische Berichtsstände),
- keine Kennzahlenberechnung in der Reportinglösung und
- keine Abhängigkeiten zwischen Web Services (und damit keine Koordination und Komposition von Web Services).

Daneben sind ergänzend zusätzliche nicht-funktionale und nicht-technische Anforderungen hervorzuheben. Die beiden wichtigsten Anforderungen dieser Kategorie sind die Performance und die Wirtschaftlichkeit der angestrebten Lösung(en). Als Ausdruck für Wirtschaftlichkeit sollen hier weniger monetäre Fakten der Implementierung, sondern der schwerer quantifizierbare Nutzen oder Mehrwert der jeweiligen Lösung aus IT- und Endanwendersicht verstanden werden. Darüber hinaus sind Aspekte wie

- Skalierbarkeit,
- Verfügbarkeit,
- Stabilität,
- Portierbarkeit und
- Sicherheit anzusprechen.

5.3 Referenzlösungen für WS-basierte Managementreportings

Im Kapitel 2.3 wurde bereits darauf hingewiesen, dass ein Managementreporting höchst unterschiedliche Ausprägungsformen bezüglich der Verdichtung und damit Umfänglichkeit des darzustellenden Zahlenmaterials annehmen kann. Dabei gilt die Annahme: je verdichteter die abgebildeten Werte sind, umso geringer ist der Gesamtumfang des betrachteten Berichtspaketes. Eine weitere für die Definition einer Referenzlösung in Betracht zu ziehende Dimension ist der Grad der Heterogenität der Quellsystemlandschaft. Diese beiden Bereiche spannen zusammen eine zwei-dimensionale Matrix auf, in der sich Komplexitätsgrade von Managementreportings ablesen lassen. Die Verwendung von Web Services zur Datenversorgung ist daher folgerichtig ebenfalls in Abhängigkeit von diesen beiden Kriterien zu beurteilen.

Zum Zwecke einer umfänglicheren Beurteilung von BI-WS zur Datenversorgung möchte der Verfasser in den folgenden Kapiteln insgesamt drei Referenzlösungen diskutieren, die sich in der angesprochenen Matrix wie folgt einordnen lassen (vgl. Abbildung 10):

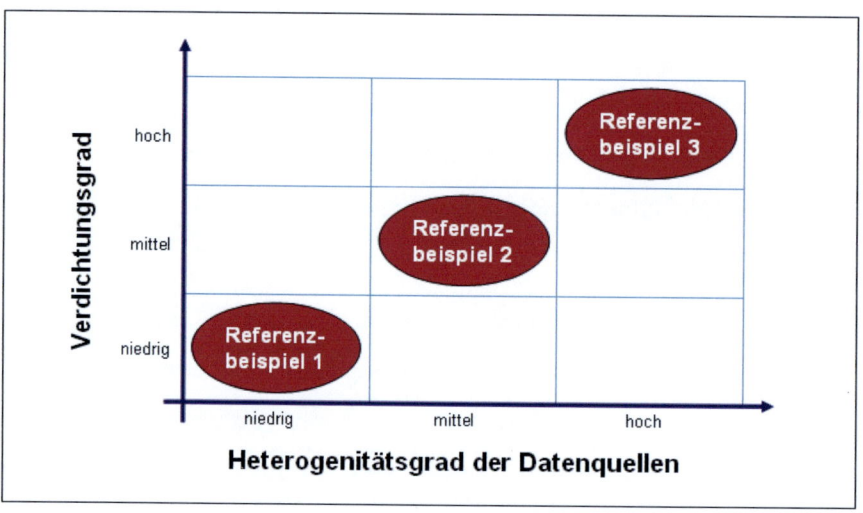

Abbildung 10: Komplexität der Referenzlösungen
(eigene Darstellung)

Dabei entspricht das Referenzbeispiel 1 der Situation des Praxisbeispiels eines deutschen Energieerzeugers, bei dem das einzige direkte Vorsystem für das Managementreporting ein Data Warehouse ist und dessen Umfang deutlich über ein verdichtetes Kennzahlenreporting hinausgeht.

Das Referenzbeispiel 2 steht stellvertretend für ein Managementreporting, in dem die Finanzdaten aufgrund einer erforderlichen Konzernkonsolidierung in einem Konsolidierungssystem oder in einem Data Warehouse zusammengeführt vorliegen, während die Non Financials für die Darstellung anderer verdichteter Nicht-Finanzkennzahlen in einer begrenzten Zahl weiterer Vorsysteme gespeichert sind.

Das dritte Referenzbeispiel für ein Managementreporting geht von einem hochverdichteten Reporting mit einem geringen Umfang aus. Die Landschaft der Quellsysteme ist für alle interessierenden Kennzahlen und Werte stark heterogen.

Die Referenzlösungen unterscheiden sich technisch nur über den Grad der Einbindung von Web Services und der zum Einsatz kommenden BI-WS-Typen. Das Architekturmodell und die Frontendgestaltung der Gesamtlösung stellen sich für alle drei Referenzbeispiele gleichermaßen dar. Daher befassen sich die folgenden beiden Unterkapitel zunächst mit den gemeinsamen Aspekten, während danach die Datenversorgung getrennt behandelt wird.

5.3.1 Architekturmodell

Die in Kapitel 3.6 erläuterte Architektur des Praxisbeispiels verwies schon darauf, dass im Falle von web-basierten Anwendungen neben den üblichen Schichten einer Enterprise Applikation - der Präsentationsschicht (Clients), der Applikationsschicht und der Datenhaltungsschicht - eine Schicht für die Web-Infrastruktur in Form eines HTTP- oder Web-Servers hinzukommt. Der in dieser Arbeit diskutierte Anwendungsfall für Web Services erfordert zudem die Betrachtung einer weiteren Schicht.

Außer im Referenzbeispiel 1 existieren die für die Zielanwendungen notwendigen Daten in verschiedenen Systemen. Auf der anderen Seite besteht die weiterführende Strategie der Nutzung von Web Services darin, sie mehrfach in verschiedenen Anwendungen einsetzen zu können. Also selbst im Falle nur einer Datenquelle bestünde bei Nutzung ein und desselben Web Services für die Ausführung eines gleichartigen Datenzugriffs die Notwendigkeit für eine weitere Zwischenschicht zur Lösung der Heterogenitäts- und Verteilungsprobleme (Middleware). Diese Schicht ermöglicht folglich die unternehmensweite Nutzung der veröffentlichten Web Services. Außerdem stellt sie konventionelle Datenbankkonnektoren wie ODBC und alle Werkzeuge zum WS-Management sowie die Laufzeitumgebung für Web Services bereit. Die nachfolgende

Abbildung 11 führt die unterschiedlichen Schichten eines WS-Architekturmodells für ein Managementreporting zusammen:

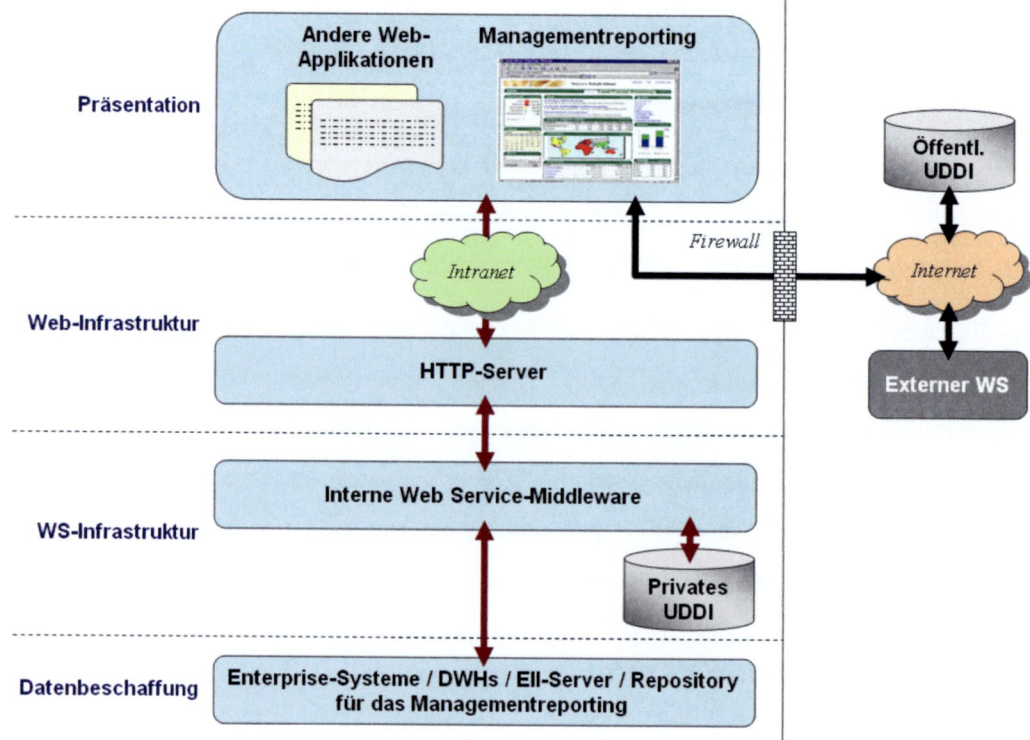

Abbildung 11: WS-Architekturmodell für ein Managementreporting
(eigene Darstellung)

In diesem Architekturmodell ist die Präsentationsschicht mit einem Managementreporting-Frontend und symbolisch anderen Web-Anwendungen, welche die gleichen Web Services konsumieren könnten, vertreten. Das Repository für im Rahmen der Berichtserstellung erzeugte Daten ist jetzt konsequenterweise auch mit Web Services zu befüllen und abzurufen. Daher befindet es sich wie alle anderen Datenquellen in der Datenbeschaffungsebene. Auf der Web-Infrastrukturebene ist die Möglichkeit vorgesehen, auch externe Web Services aufzurufen. Die Herausforderung ist diesbezüglich, dass SOAP-Antworten des externen Web Services die Unternehmens-Firewall passieren müssen. Danach folgen die WS-Infrastrukturebene und die Datenbeschaffungsebene. Letztere ist eine Zusammenfassung aller weiterer Schichten der Enterprise-Systeme oder anderer Systeme, die als Quellsysteme dienen. In dieser Schicht rufen die Web Services zur Datenversorgung wiederum interne Services der Enterprise-Systeme etc., ggf. unter Nutzung von Applikationslogik, auf und sammeln anschließend die Ergebnisse ein, um sie der anfordernden Managementreporting-Applikation zur Präsentation zurückzugeben.

5.3.2 Aspekte der Frontendgestaltung

Aus Sicht des Endanwenders ist die Gestaltung des Frontends und der Berichte neben der Performance und Datenqualität das wichtigste Kriterium für die Beurteilung eines Managementreportings (vgl. auch Kapitel 5.3.7). Der Aspekt der WS-basierten Datenversorgung tangiert die Frontendgestaltung zunächst vordergründig, denn unabhängig von der Art und Weise der Datenbeschaffung und der vorgesehenen technologischen Plattform müssen die Berichte letztlich so, wie vom Endnutzerkreis grafisch und inhaltlich gefordert, umgesetzt werden.

Allerdings eröffnet die grundsätzliche Ausrichtung hin zu einer serviceorientierten Architektur weitaus mehr Gestaltungsmöglichkeiten, als dies eine konventionelle Web- oder Reportingapplikation ermöglichen würde (vgl. dazu erneut auch die Anforderungen aus Kapitel 2.5). So versetzt eine SOA-Architektur ein Managementreporting beispielsweise unter Kollaborationsgesichtspunkten in die Lage, die von Microsoft angebotenen Messenger-Web Services einzubinden. Damit unterstützt die Informationstechnik den Berichtserstellungsprozess auch nach der Berichtsdistribution, nämlich in der üblicherweise folgenden Diskussionsphase.

Eine weitere Bereicherung besteht in der Verknüpfung mit anderen Berichten (Berichts-Berichts-Schnittstelle). Gemäß der verwendeten Arbeitsdefinition sind weitergehende Analysen zwar nicht Gegenstand eines Managementreporting-Werkzeugs, ein über das verdichtete Zahlenmaterial hinausgehender Informationsbedarf kann jedoch jederzeit bestehen. In solchen Situationen entstehen häufig unkontrolliert Ad-Hoc-Berichte/Bedarfsberichte. Über die Berichts-Berichts-Schnittstelle kann das Controlling vordefinierte Standardberichte kontextabhänig bereitstellen. Ein Zugriff ist hier ebenfalls über Web Services denkbar. Web Services auf der Applikationsebene sind in der Lage, vollständige Berichte als Ergebnis zurückzuliefern und so verdichtetes Datenmaterial im Detail zu erläutern.

Analog zur Verknüpfung mit anderen Berichten ist die Verlinkung in ein Metadatenrepository für berechnete betriebswirtschaftliche Kennzahlen zu sehen. Pro Kennzahl sollten hier solche Informationen wie die Berechnungsformel, die betriebswirtschaftliche Definition, die Periodizität, das Quellsystem für die in die

Berechnung einfließenden Daten, der Ort der Berechnung, der für die Datenbeschaffung verwendete Web Service (Link in das UDDI-Repository), Verantwortlichkeiten usw. hinterlegt sein (vgl. den Vorschlag für ein Metadatenrepository ohne Web Services von Brunner/Dinter 2003, S. 307 ff.). Auch hier sind WS zum Befüllen und Auslesen der Metadaten einsetzbar. Mit dem zellenbezogenen Absprung in das Metadatenrepository sind weitere Funktionen wie die Hinterlegung eines zellenweisen und zeitabhängigen Kommentars oder manuellen Eingabewertes, falls kein automatisch beschaffbarer Wert vorliegt, kombinierbar.

Und auch bezüglich der Kennzahlenberechnung können Web Services Hilfestellung leisten. Insbesondere in den Fällen, bei denen Berechnung nicht in der Quelle möglich ist, kann der datensammelnde Web Service selbst zusätzliche Berechnungslogik bereitstellen. Grundsätzlich sollte dies nur in Ausnahmefällen geschehen, um nicht eine weitere Logikschicht über den Enterprise-Systemen zu etablieren.

Hinter den vorgeschlagenen Bereicherungen für ein Managementreporting verbirgt sich die stillschweigende Annahme, dass die beschriebene Lösung eine Eigenentwicklung ist. Wie die Befragung der Anbieter von Dashboard- und Scorecard-Lösungen zeigt, ist auch mit Standardwerkzeugen die Verfolgung einer konsequenten SOA-Strategie möglich. Natürlich muss das Controlling projektindividuell in Zusammenarbeit mit der IT-Abteilung Anforderungen und technische Machbarkeit mit Standardlösungen gegeneinander abwägen. Aus Sicht des Autors ist eine Eigenentwicklung aber oftmals eine Alternative. Trotz der werbewirksamen Aussagen der Software-Anbieter, ihre Lösung innerhalb nur weniger Tage und Wochen implementieren zu können, scheitern sie regelmäßig an der Komplexität einer realen Systemumgebung. Die daraus resultierenden Projektaufwände übersteigen dabei oft die einer Eigenentwicklung.

Der Vorteil einer Eigenentwicklung unter SOA-Gesichtspunkten liegt auf der Hand: die Wiederverwendbarkeit von Web Services und anderen Komponenten/Bibliotheken web-basierter Applikationen, beispielsweise für grafische Details wie Diagramme oder die Ampelfunktionalität. Zudem kann eine Eigenentwicklung deutlich flexibler auf die oftmals individualistischen Anforderungen der oberen Führungsebene reagieren als ein generalistisch angelegtes Standardprodukt (Beispiel Datenstatus). So sind alle vorstehend erläuterten Erweiterungsvorschläge beispielsweise in einem einzigen Kontextmenü (zellen- oder zellenblockabhängig) vereinbar.

5.3.3 Datenbeschaffung für das Referenzbeispiel 1

Im konkreten Falle des Praxisbeispiels ist die zentrale Datenquelle für alle Finanzdaten und Non Financials das SAP Business Warehouse. Der Aufruf durch das derzeit eingesetzte dynaSight erfolgt über SAP-BAPIs. BI-Web Services würden dieselbe konventionelle Schnittstellentechnologie verwenden, die SAP-BAPIs also lediglich gekapselt aufrufen. Da das Reporting im konkreten Fall nicht einzelne interessierende Datensätze, sondern immer komplette im BW vordefinierte Querys abruft, handelt es sich hier nicht mehr um BI-Web Services der Daten-, sondern bereits der Applikationsebene. Den Zugriff auf die Repository-Daten regeln Web Services der Datenebene für konventionelle Datenbankzugriffe. Je nach Plattform würden diese ODBC-, JDBC- oder andere Konnektoren kapseln.

Der einzige Unterschied dieser Lösung zur Ist-Situation ist der, dass jetzt aus Sicht des Managementreportings nur noch eine einheitliche Web Service-Schnittstelle besteht und keine Kenntnisse über Schnittstellendetails der beiden Quellen und keine technische Unterstützungen der beiden konventionellen Schnittstellentechnologien in der Reportingapplikation vorhanden sein müssen. In Fortführung der Abbildung 11 stellt sich die Ebene der Datenbeschaffung für dieses Referenzbeispiel wie in Abbildung 12 zu sehen dar:

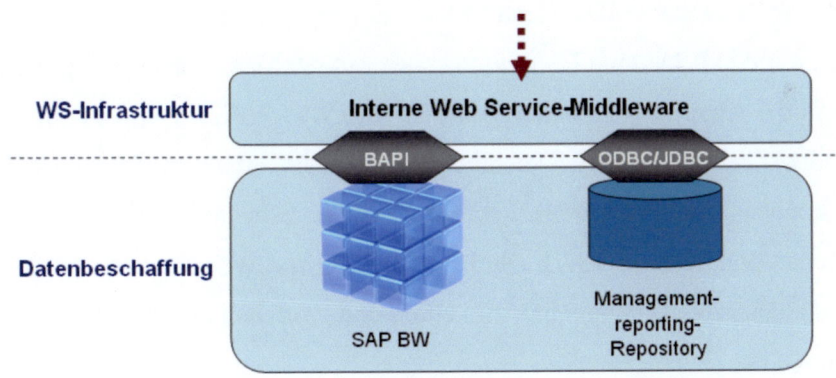

Abbildung 12: Datenbeschaffung für das Referenzbeispiel 1
(eigene Darstellung)

5.3.4 Datenbeschaffung für das Referenzbeispiel 2

Auch das zweite Referenzbeispiel verfügt über einen zentralen Datenpool für finanzwirtschaftliche Daten. Einen solchen Finanzdatenpool wird letztlich jedes Unternehmen, das aus mehreren Einzelgesellschaften besteht, betreiben, da hier die verpflichtende Notwendigkeit zur Eliminierung der konzerninternen Beziehungen, zur Kapitalkonsolidierung usw. besteht. Die finanzwirtschaftliche Perspektive eines Managementreportings ist entsprechend auch auf die konsolidierten Daten fokussiert. Da diese konsolidierten Daten mit einer speziellen Reportinglogik verbunden in der Datenbank des Konsolidierungssystems vorliegen, ist der Einsatz von Web Services für gekapselte Applikationen am nahe liegendsten (vgl. Abbildung 13).

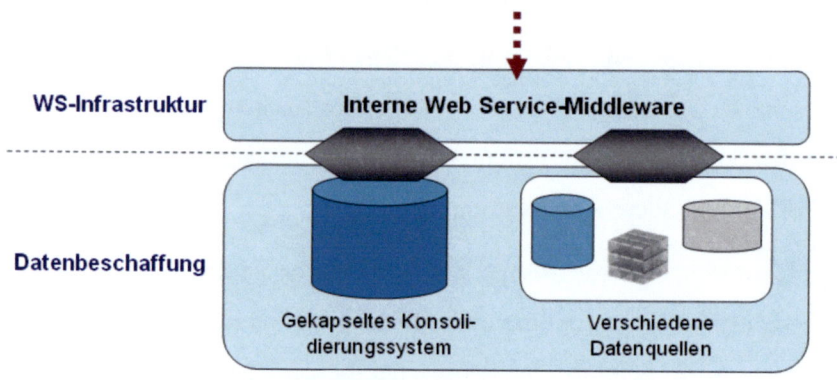

Abbildung 13: Datenbeschaffung für das Referenzbeispiel 2
(eigene Darstellung)

Für die anderen Nicht-Finanzdaten nimmt dieses Beispiel verschiedene Datenquellen wie Systemdatenbanken oder auch multidimensionale Datenbanken (darunter auch das Repository für Zusatzdaten des Managementreportings) an. Der Zugriff kann entweder pro System mit den bekannten BI-Web Services auf der Datenebene erfolgen oder - und das versucht die Abbildung 13 zu suggerieren - die Web Services sind so zugeschnitten, dass sie entweder auf mehrere gleichartige oder sogar unterschiedliche Datenquellen zugreifen können. Diese Möglichkeit ist unter dem Gesichtspunkt der Laufzeiten weiter zu untersuchen (vgl. Kapitel 5.3.7). Die Konzipierung von Web Services, die in der Lage sind, verschiedenartige Datenquellen zu verarbeiten, vollzieht einen weiteren Schritt der Integration auf der Datenebene.

5.3.5 Datenbeschaffung für das Referenzbeispiel 3

Die Ausgangslage des dritten Referenzbeispiels ist durch eine hohe Zahl von relevanten Vorsystemen und Datenquellen (darunter auch wieder das Repository für Zusatzdaten des Managementreportings) gekennzeichnet. Wollte man für jedes Vorsystem einen eigenen Web Service implementieren, dann bleibt der Ruf nach einer weiteren Integration nicht aus. Einen Ansatz dazu lieferte bereits das vorangegangene Kapitel.

Ein Web Service ist hier befähigt, bei Bedarf auf mehrere Datenquellen zuzugreifen. Noch einen Schritt weiter geht die Datenbeschaffung des Referenzbeispiels 3. Sie sieht eine virtuelle Datenaufbereitung und -integration auf Basis eines EII-Servers vor. Die Anzahl der einzubeziehenden Vorsysteme ist hier ein entscheidender Treiber. Die Datenbeschaffung des Managementreportings läuft im Idealfall dann nur noch über den Aufruf eines EII-Web Services, der On-demand alle relevanten Daten aus den Vorsystemen zusammenstellt (vgl. Abbildung 14). Im Zweifelsfall könnte auf dieser Ebene auch noch eine Kennzahlenberechnung stattfinden, wenngleich dies die Ausnahme sein sollte.

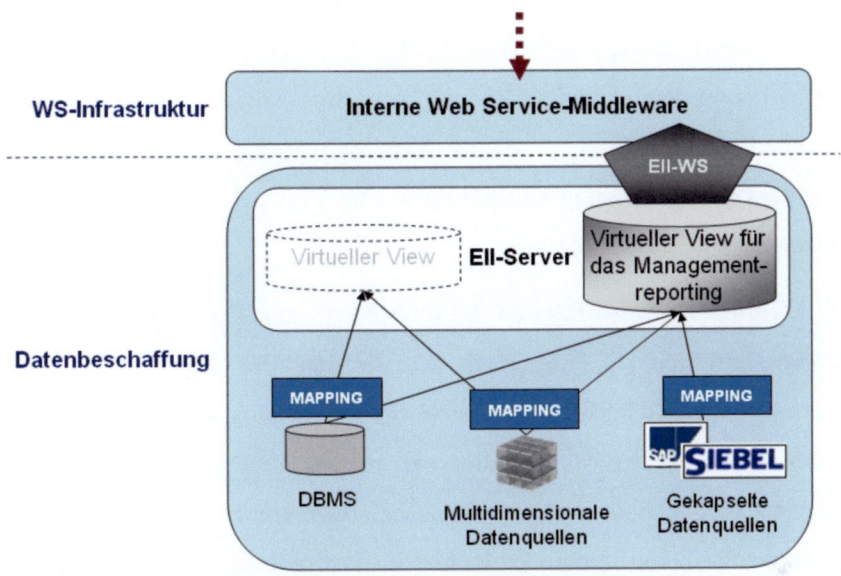

Abbildung 14: Datenbeschaffung für das Referenzbeispiel 3
(eigene Darstellung)

5.3.6 Aussagen zur Performance

Die Referenzbeispiele haben gezeigt, dass sie eines der beiden Hauptprobleme konventioneller BITs für das Managementreporting sehr gut adressiert haben: Ein auf einer SOA aufsetzendes Reportingwerkzeug muss nicht mehr in der Lage sein, mit möglichst vielen Schnittstellentechnologien arbeiten zu können, sondern begegnet der Systemlandschaft über eine zusätzliche Middleware-Schicht mit einem einheitlichen Interface. Das zweite Hauptproblem betrifft die Effizienz oder Performance der Datenversorgung.

Die Effizienz einer Datenversorgung in einem Reporting ist durch absolute Antwortzeiten aus Sicht einer Anwendung und den Durchsatz der Datenversorgung bei gleichzeitigem Zugriff durch mehrere Anwendungen gekennzeichnet (vgl. Sellentin 2000, S. 31). Konventionelle BITs verlangsamen die Berichtsausführung grundsätzlich nur in geringem Maße selbst. Die für das Praxisbeispiel geschilderten Wartezeiten und die damit verbundene Verringerung des Durchsatzes auf dem Business Warehouse für andere Anwendungen haben ihre Ursache in der Art der Datenhaltung. Zum einen liegen die Daten sehr granular vor und müssen bei jedem Berichtsaufruf neu verdichtet werden. Zum anderen finden Kennzahlenberechnungen „on the fly" in den Berichten statt, die hierfür wiederum sehr viele Datensätze zu selektieren haben. Eine solche Selektion kann für eine EVA-Berechnung auf Konzernebene recht schnell mehrere Millionen Datensätze umfassen. Web Services können hier keine Abhilfe schaffen. Auch mit einer WS-basierten Datenversorgung wären derartige performancelastige Selektionen erforderlich. Die einzige Lösung bietet hierfür eine Vorverdichtung und Vorberechnung von Kennzahlen in den Datenquellen.

Neben den absoluten Antwortzeiten einschließlich der Dauer der Selektionen und Berechnungen stellt sich die Frage nach dem Einfluss der Web Service-Technologien auf die Performance. Sicherlich lässt sich ohne Weiteres konstatieren: Ein direkter ODBC- oder BAPI-Aufruf ist schneller als ein in einem Web Service gekapselter Aufruf. Das ist vergleichbar mit der Tatsache, dass ein Programm in einer höheren Programmiersprache wie Java schlechtere Ausführungszeiten aufweist als ein Assemblerprogramm. Mit SOAP und anderen Protokollen verfügen Web Services über einen verlangsamenden „Überbau". Das SOAP-Protokoll ist dabei die kritischste Größe. Ein Vergleich zwischen einem SOAP/HTTP-basierten und einem reinen XML-Nachrichtenaustausch belegt eine um 20 Prozent verringerte Performance durch SOAP (Zimmermann et al. 2003, S. 207 f.).[18]

Die richtige Dimensionierung des Umfangs der durch einen Web Service zu beschaffenden Daten ist die entscheidende Kompensationsmaßnahme für die Verlangsamung durch SOAP. Viele klein geschnittene Web Services, die jeweils um 20

---

[18]   Das Kapitel 4.2.1 hatte bereits darauf hingewiesen, dass SOAP, WSDL und UDDI zwar De-facto-, aber nicht die Web Services konstituierenden Standards darstellen. Vor dem Hintergrund der mit ihnen verbunden Komplexität und der Performanceeinbußen gibt es daher auch andere Realisierungsvorschläge. Der wohl populärste nennt sich REpresentational State Transfer (REST). Er sieht eine einfache Adressierung eines Services über einen URI und die Ergebnisrückgabe über HTTP vor. Im Gesamtkontext einer SOA gibt es jedoch noch viele weitere Themen wie Sicherheit und die ebenfalls angesprochene Koordination/Komposition von Web Services. Alle diese Aspekte berücksichtigt der REST-Ansatz nicht. Eine vollwertige Alternative zu SOAP-basierten Web Services stellt er daher nicht dar (vgl. Mintert 2005, S. 63 ff.).

Prozent langsamer laufen als ein reiner XML-Nachrichtenaustausch, summieren sich deutlich stärker zu einer als schlecht wahrgenommenen Performance als ein umfänglicher Web Service, der wie die Referenzbeispiele 2 und 3 es bereits demonstrierten, auf mehrere Datenquellen zugreifen kann. Die entscheidende Designrichtlinie muss also sein, einen geeigneten Kompromiss zwischen der Granularität und damit Flexibilität und einer hinreichenden Performance der Web Services für die Datenversorgung zu gewährleisten (vgl. Hofmann 2003, S. 28).

Positiv auf Berichtslaufzeiten wirkt sich dagegen das Medium „Web" im Vergleich zur Berichtsdarstellung in Excel aus. Der Grund hierfür liegt in der Art und Weise der Formatierung nach der Datenübergabe. Während Excel sequentiell Zelle für Zelle formatiert, wird ein Web-Bericht vollständig in einem Schritt erzeugt. Insbesondere bei großen Berichten wirkt sich dieser unterschiedliche Umgang mit der Formatierung erheblich aus.

5.3.7 Aussagen zur Wirtschaftlichkeit/zum Nutzen

Vor dem Hintergrund der Prozessintegration weisen Web Services einen erheblichen Kostenvorteil gegenüber konventionellen EAI-Lösungen auf (vgl. Schmietendorf et al. 2003, S. 21). Eine ähnliche Aussage ist für die Schicht der Datenintegration mit Blick auf ein Managementreporting nur unter genauerer Betrachtung des Einzelfalles und der maßgeblichen Einflussfaktoren, denen eine Nutzenevaluierung folgen sollte, möglich. Aus Sicht des Autors sind die maßgeblichen Einflussfaktoren der Heterogenitätsgrad der Quellsystemlandschaft und die Unternehmensgröße. Je heterogener die Quellsystem-landschaft ist, umso stärker treten die flexiblen Integrationsvorteile (lose Kopplung) von Web Services und die Homogenisierung der Schnittstellen aus Sicht der konsumierenden Anwendungen in den Vordergrund. So sind mit der Web Service-Technologie beispielsweise nicht mehr notwendigerweise alle Daten in ein Data Warehouse zu laden, um sie einem Reporting zur Verfügung stellen zu können (sofern sie nicht Gegenstand von mehrdimensionalen Analysen etc. sein sollen). Neue SOA-basierte Web-Applikationen benötigen andererseits für einen Zugriff auf Vorsysteme nicht mehr ein umfangreiches Repertoire an zu unterstützenden Schnittstellentechnologien.

Im konkreten Falle des Praxisbeispiels (Referenzbeispiel 1) ist es sicherlich unstrittig, dass eine Umstellung auf Web Services zur Datenversorgung wenig sinnvoll ist. Anders würde sich die Situation darstellen, wenn noch weitere Systeme als Datenquellen in

Frage kämen oder wenn andere Web-Applikationen dieselben Daten konsumieren wollten. In diesem Falle läge allerdings bereits die Situation des Referenzbeispiels 2 vor. Unabhängig davon machen die beiden Referenzbeispiele deutlich, dass Web Services bestehende DWHs als Integrationsplattform für ein Reporting nicht ersetzen, sondern ergänzen. Hier gibt es demzufolge kein direktes Einsparpotential.

Der Aspekt der Unternehmensgröße führt zunächst zu der gleichen Schlussfolgerung wie der Heterogenitätsgrad der Quellsystemlandschaft. Je größer ein Unternehmen ist, umso heterogener ist in aller Regel die Systemlandschaft und damit das Bedürfnis nach effizienten Datenintegrationstechnologien. Eine weitere Konsequenz einer SOA-Architektur ist jedoch die Notwendigkeit von Investitionen in neue Infrastruktur und Technologien. Allein das Managementreporting ist sicherlich kein ausreichender Anlass dafür. Aber dennoch ist gerade in Großunternehmen die Investitionsbereitschaft in neue Technologien wie SOA/Web Services deutlich höher als in mittelständischen Unternehmen (vgl. White 2006, S. 35, Stand: 21.02.2007). Zudem ist in größeren Unternehmen die Wahrscheinlichkeit sehr hoch, dass bereits zum Zwecke der Prozessintegration eine SOA-Plattform existiert, auf der auch die Datenversorgung eines Managementreportings aufsetzen kann.

Weitaus schwerer als die notwendigen Investitionen oder die Nutzen stiftenden Vorteile einer integrierten Datenversorgung lassen sich die dargestellten Zusatzfunktionalitäten der Referenzapplikation eines WS-basierten Managementreportings monetär bewerten. Vor allem die Einführung einer Berichts-Berichts-Schnittstelle und das Metadatenrepository für berechnete Kennzahlen sind hier zu nennen. Sie leisten in jedem Falle einen wichtigen Beitrag zur Akzeptanz der Reportinglösung, da die Herkunft und Berechnung der Daten nachvollziehbar und belegbar ist.

Die vorgeschlagenen Erweiterungen der Referenzlösung(en) basieren auf der Betrachtung einer Eigenentwicklung. Das hat den Nachteil, dass nur geschulte Entwickler Anpassungen an den Berichten vornehmen können. Dies kann unter Wirtschaftlichkeitsgesichtspunkten jedoch gleichzeitig einen Vorteil erbringen. Die Komplexität der Berichtsgestaltung versagt dem Controlling sehr häufig, u. a. auch im Falle des Praxisbeispiels, eigenständig Berichte zu verändern. Hierfür sind also ebenfalls geschulte IT-Fachkräfte erforderlich. Ein web-basiertes Managementreporting arbeitet aus Entwicklersicht jedoch kaum anders als eine herkömmliche Web-Applikation, von denen in der heutigen Zeit sicherlich einige im Einsatz sind. (Der Aufruf eines Web

Services ist letztlich nichts anderes als ein Methodenaufruf einer lokalen Klasse.) Neue Spezialkenntisse und Fachkräfte sind daher nicht vorzuhalten.

5.4 Weitere nicht-funktionale Anforderungen

Nicht-funktionale Anforderungen zielen auf eine Einschätzung ab, wie eine Applikation die umgesetzten Funktionalitäten in der täglichen Arbeit mit ihr bewältigt. Es geht also beispielsweise um die Beurteilung des Applikationsverhaltens in Antizipierung einer zukünftig höheren Nutzerzahl (Skalierbarkeit), den Grad der Verfügbarkeit oder die Stabilität der Applikation. Vor dem Hintergrund dieser Kriterien sei noch einmal daran erinnert, dass Web Services nichts anderes als kleinere Web-Applikationen sind. Aussagen zur Skalierbarkeit, Verfügbarkeit oder Stabilität sind daher grundsätzlich analog zu Einschätzungen für herkömmliche Web-Applikationen zu verstehen (vgl. Zimmermann et al. 2003, S. 207 ff.).

In Sachen Skalierbarkeit ist zu betonen, dass SOAP und WSDL unabhängig von der Transportschicht agieren. Sie haben also keinen Einfluss auf die Skalierbarkeit. Vielmehr sind bei der Gestaltung von Web Services für die Datenversorgung eines Managementreportings wie im Falle konventioneller Web-Applikationen grundsätzliche Designrichtlinien wie beispielsweise die minimale und effiziente Nutzung von HTTP-Sessions zu beachten.

Verfügbarkeit/Ausfallsicherheit und Stabilität der Web Services hängen direkt von den zur Ausfallsicherheit für andere existierende Web-Applikationen eingeleiteten Maßnahmen (z. B. Load Balancing) bzw. der Qualität der Programmierung der Web Services ab.

Die Portabilität von Web Services ist ein weiteres nicht-funktionales Evaluierungskriterium. Web Services sind definitionsgemäß darauf ausgerichtet, in heterogenen Systemlandschaften zu agieren. Die Nutzung der weithin verwendeten Web-Standards/Protokolle XML, SOAP, WSDL, UDDI und HTTP nivelliert die Unterschiede von Programmiersprachen, Betriebssystemen und WS-Laufzeit-umgebungen. Es ist eines der größten Nutzenpotentiale von Web Services, dass sie unabhängig vom Betriebssystem einsetzbar sind (Portabilität) und eine beispielsweise in .NET geschriebene Applikation problemlos mit in JAVA programmierten Web Services arbeiten kann (Interoperabilität; vgl. Quantz/Wichmann 2003, S. 28, Stand: 21.02.2007).

Letztlich ist die Sicherheit einer web-basierten Anwendung, die im Falle eines Managementreportings auf viele sensible Daten zugreift, zu untersuchen. Die Sicherheit eines Managementreportings kann auf verschiedenen Ebenen gewährleistet werden. Die naheliegendsten Ansatzpunkte sind die Zugangsberechtigungen zur Reporting-applikation (Berechtigungskonzept) und eine zweite Überprüfung im Rahmen des Datenabgriffs durch die Web Services zur Datenversorgung auf der Ebene der datenhaltenden Quellen. Die Zuverlässigkeit dieser Berechtigungsprüfungen liegt in der Hand des Entwicklers der Applikation. Weitaus kritischer sind aber vor allem Datenzugriffe auf unternehmensexterne Quellen zu sehen. Die Kommunikation mit der Außenwelt schafft zusätzliche Sicherheitsrisiken. Dieses Problem adressierend haben sich neben bereits bestehenden Technologien wie HTTPS (HyperText Transfer Protocol over Secure Sockets Layer - ein konventionelles Internet-Protokoll zur Absicherung der Kommunikation auf der Transportschicht) spezielle Sicherheitstechnologien und -standards für die Arbeit mit Web Services etabliert. Einer der wichtigsten davon ist WS-Security als eine Art SOAP-Erweiterung. WS-Security erweitert die SOAP-Informationen derart, dass es nicht möglich ist, eine SOAP-Nachricht auf dem vollständigen Weg von der originär sendenden Applikation bis hin zum finalen Empfänger zu entschlüsseln (vgl. Alonso et al. 2004, S. 192 f.). Sollte ein Managementreporting also auch auf externe Web Services zur Datenversorgung zugreifen, stehen hierfür hinreichende Mittel zur Absicherung des Nachrichten-austauschs zur Verfügung.

6 Fazit und Ausblick

Grundlegender Ausgangspunkt für diese Arbeit war die Zusammenführung einer Nische des betrieblichen Rechnungswesens, dem Managementreporting für die obere Führungsebene, und einer verhältnismäßig neuen Informationstechnologie, den Web Services. Die schrittweise Eingrenzung des Begriffs Managementreporting verdeutlichte bereits zu Beginn, dass eine pauschale Beurteilung über Verwendungsmöglichkeiten von Web Services zur Datenversorgung nicht möglich ist. Die anfänglich ebenfalls ausführlich dargestellten Anforderungen und die reale Ausprägung eines Managementreportings eines deutschen Energieerzeugers veranschaulichten zudem, dass eine alleinige Betrachtung der Datenversorgung im Zusammenhang mit Web Services nicht zielführend ist, da die Realisierung der Datenbeschaffung den technisch nicht versierten Endanwender letztlich nicht interessiert.

Für die weiterführende Evaluierung waren nach der Eingrenzung des betrachteten betriebswirtschaftlichen Ausschnitts weitere Grundlagen zu schaffen. Zunächst musste geklärt werden, welche Implementierungsmöglichkeiten derzeit existieren, um mögliche Schwachstellen oder Hürden für den Einsatz von Web Services zu umreißen. Gegenwärtig liegt der Schwerpunkt der Entwicklungen für das Berichtswesen auf den analytischen Informationssystemen und den Business Intelligence Tools zum Zugriff auf die integrierte Datenbasis eines Data Warehouses. Die Vorstellung der Umsetzung des Praxisbeispiels eines Energieerzeugers belegte, dass ein Data Warehouse als Integrationsplattform durchaus in der Lage ist, den Großteil der für ein Managementreporting notwendigen Daten zu integrieren. Grundsätzlich legte die Betrachtung zwei Problemfelder offen, der sich auch die Web Service-Technologie stellen muss: der Umgang mit einer heterogenen Systemlandschaft und der damit verbundenen Schnittstellenvielfalt sowie die Effizienz der Datenversorgung (Performance).

In einem weiteren Evaluierungsschritt lieferte das vierte Kapitel eine kurze Darstellung zur Web Service-Technologie und einen Überblick zu den Möglichkeiten, die sich mit Web Services speziell im Bereich der Datenbeschaffung bieten. Kernaussage dieses Kapitels ist, dass die Web Service-Technologie trotz ihrer Schwerpunktsetzung auf der Ebene der Prozessintegration einen großen Beitrag zur Integration von Datenquellen leisten kann. Letztlich ist ein Web Service nichts weiter als eine Web-Applikation, die beliebige Funktionalitäten bestehender Applikationen und folgerichtig auch Zugriffe auf unterschiedlichste Datenquellen kapselt. Damit liefert die Web Service-Technologie den erforderlichen Rahmen, um sie als Alternative für die Datenversorgung eines Managementreportings weitergehend zu untersuchen.

Die hinreichende Existenz von Web Services zur Datenversorgung legte die Vermutung nahe, dass auch Hersteller von Standard-Software für Managementreportings über die Einbindung dieser Technologie nachdenken. Im Rahmen dieser Arbeit wurden daher 56 Anbieter von speziellen Dashboard- und Scorecard-Lösungen bezüglich der Einbindung solcher Web Services befragt. Das Ergebnis belegte eine bereits fortgeschrittene Auseinandersetzung mit dieser Technologie.

Die Beschreibung möglicher Ausprägungen eines Managementreportings deutete schon eingangs darauf hin, dass eine weitergehende Evaluierung von Web Services auf der Datenebene womöglich anhand verschiedener Referenzlösungen durchgeführt werden müsse. Das fünfte Kapitel befasste sich daher mit drei verschiedenen Referenzlösungen, die sich inbesondere im Grad der Heterogenität der Quellsystemlandschaft unterschieden. Die nähere Betrachtung dieser Lösungen legte den Zusammenhang zwischen dem Nutzen einer Web Service-Datenversorgung und dem Heterogenitätsgrad der Quellsystemlandschaft offen. Je unterschiedlicher sich die relevanten Datenquellen darstellen, umso sinnvoller erscheint der Einsatz von Web Services, da Web Services durch die Etablierung eines zusätzlichen Middleware-Layers die Homogenisierung der Schnittstellenvielfalt in heterogenen Systemlandschaften bewirken. Darüber hinaus verdeutlichten die Vorschläge zur Gestaltung einer web-basierten Frontendlösung für ein Managementreporting die vielfältigen Erweiterungsmöglichkeiten durch das Zusammenwachsen von Datenversorgung und Web-Technologien zur Präsentation in einem einzigen Medium. Die konsequente Ausrichtung auf das Medium „Web" ist somit ein Multiplikator für neue Anwendungs- und Integrationsbereiche für ein Managementreporting. Besonders vielversprechend erscheint zudem die Tatsache, dass durch eine transparente und vielfach wiederverwendbare Datenversorgungsmöglichkeit auf Basis von Web Services nicht nur das Managementreporting, sondern auch andere - dieselben oder ähnliche Daten konsumierende - Web-Anwendungen an Vertrauen und Attraktivität gewinnen.

Den Problembereich der Effizienz der Datenversorgung können die Web Services auf der Datenebene jedoch nicht auflösen, da sie lediglich die existierenden

Zugriffstechniken mit allen bekannten Performancenachteilen kapseln. Hier sind andere Lösungen wie eine verdichtete Speicherung oder eine Vorherberechnung komplexer betriebswirtschaftlicher Kennzahlen in den Quellsystemen gefragt.

Wie das Praxisbeispiel des Energieerzeugers demonstrierte, ist eine angedachte Umstellung einer bestehenden Systemlandschaft auf Web Services nur bedingt sinnvoll, wenn nicht alle Vorteile der WS-Technologie von einer Reihe von Applikationen ausgenutzt werden. Der Einsatz von Web Services ist mit Investitionen in eine neue Infrastruktur und neue Technologien verbunden. Diese müssen sich in einem informationstechnologischen Gesamtkontext wirtschaftlich begründen lassen. Eine konsequente Hinwendung zur SOA-Philosophie und eine Ausrichtung der IT-Strategie auf web-basierte Applikationen ist die Grundlage für einen effizienten Implementierungsrahmen für Web Services. Unterstützend wirkt sich dabei aus, dass bestehende Applikationen und Systeme unabhängig von der zugrunde liegenden Technologie im Sinne des Investitionsschutzes unproblematisch integrierbar sind. Vor allem bei Großunternehmen mit einer sehr volatilen Systemlandschaft, verursacht durch ständige Veränderungen in der Beteiligungsstruktur, können sich die Integrations-potentiale von Web Services sehr schnell auszahlen.

Die Umstellung der Datenversorgung eines Managementreportings auf Web Services ist allein betrachtet womöglich kein entscheidender oder ausreichender Auslöser für die Etablierung einer SOA-Strategie. Einen Anlass, um darüber nachzudenken, bietet dieses Szenario dennoch. Denn schon aufgrund der denkbaren Erweiterungen für Web-Applikationen auf Basis der Web Service-Technologie zeichnen sich für verschiedene Anwendungsbereiche über ein Managementreporting hinausgehend vielversprechende Möglichkeiten ab. Und sobald erst einmal eine WS-Infrastruktur aufgebaut ist, führen die potentiellen Integrationskontexte sehr schnell zu einer Weiterentwicklung und Verbesserung der gesamten IT-Landschaft.

Literaturverzeichnis

Accenture 2003: Business Insight Solution, Interner Folienvortrag, 2003.

Accenture 2006: SOA - Service Oriented Architecture, Implementing Web Services, Interner Folienvortrag, 2006.

Adelman, S./Terpeluk Moss, L. 2000: Data Warehouse Project Management, Boston 2000.

Alonso, G./Casati, F./Kuno, H./Machiraju, V. 2006: Web Services. Concepts, Architectures and Applications, Heidelberg 2006.

Arcplan Information Services AG, o. J.: arcplan Enterprise - prozess-orientiert statt daten-zentriert, o. J., URL: http://www.arcplan.com/de/products/data_sources/data_sources_summary.html, Stand: 21.02.2007.

Axson, D. 2003: Best Practices in Planning and Management Reporting. From Data to Decisions, Hoboken 2003.

Balanced Scorecard Collaborative o. J. a: Balanced Scorecard Collaborative Functional Standards, o. J., URL: https://www.bscol.com/pdf/bsc99-standards.pdf, Stand: 21.02.2007.

Balanced Scorecard Collaborative o. J. b: BSCol Certified Software Providers, o. J., URL: https://www.bscol.com/bsc_online/technology/certified/, Stand: 21.02.2007.

BARC o. J.: Vorläufige Produktliste der BARC-Studie Balanced Scorecard Werkzeuge, o. J., URL: http://www.barc.de/index.php?id=142&uid=4, Stand: 21.02.2007.

Bauer, T. 2000: IT-Implementierung der Balanced Scorecard. Anforderungen und Tools, in: krp-Sonderheft, 44. Jg., Nr. 2 (2000), S. 71-76.

Blaudszun, M./Pielniok, R. 2003: Software unterstützt Balanced Scorecard-Prozess, in: CM Controller Magazin, 28. Jg., Nr. 2 (2003), S. 178-181.

Brunner, J./Dinter, B. 2003: Vom Data Warehouse zum Business Performance Management - Anforderungen an das Metadatenmanagement, in: von Mauer, E./Winter, R. (Hg.): Data Warehouse Management. Das St. Galler Konzept zur ganzheitlichen Gestaltung der Informationslogistik, Berlin/Heidelberg 2003, S. 291-311.

BSC Software.info o. J.: BSC Softwarehersteller, o. J. URL: http://www.bsc-software.info/, Stand: 21.02.2007.

Chamoni, P. 2003: Analytische Informationssysteme für das Controlling. Stand und Entwicklungsperspektiven, in: Zeitschrift für Controlling & Management, Sonderheft Nr. 2 (2003), S. 4-13.

Chamoni, P./Gluchowski, P. 1999: Analytische Informationssysteme - Einordnung und Überblick, in: Chamoni, P./Gluchowski, P. (Hrsg.): Analytische Informationssysteme. Data Warehouse, On-Line Analytical Processing, Data Mining, 2. Aufl., Berlin/Heidelberg/New York 1999.

Eckerson, W. W. 2006: Deploying Dashboards and Scorecards, 2006, URL: http://download.101com.com/pub/tdwi/Files/RRS_DB_Q206_F_web.pdf, Stand: 21.02.2007.

Egger, N. 2003: Praxishandbuch SAP BW 3.1, Bonn 2003.

Eichborn, R. 1986: Der große Eichborn. Wirtschaft, Recht, Verwaltung, Verkehr, Umgangssprache. Englisch-Deutsch, Gütersloh 1986.

Ferguson, M. o. J. a: Techniques for Integrating BI Into The Enterprise - Part 1, o. J., URL: http://www.intelligentbusiness.biz/Documents/Techniques%20for%20 Integrating%20BI%20Into%20The%20Enterprise%20-%20Part%201.pdf, Stand: 21.02.2007.

Ferguson, M. o. J. b: Techniques for Integrating BI Into The Enterprise - Part 3, o. J., URL: http://www.intelligentbusiness.biz/Documents/Techniques%20for%20 Integrating%20BI%20Into%20The%20Enterprise%20-%20Part%203.pdf, Stand: 21.02.2007.

Ferguson, M. o. J. c: Using Real-Time Data Integration To Integrate CPM and BI, o. J., URL: http://www.businessintelligence.com/ex/asp/code.41/pagenum.4/xe/article.htm, Stand: 21.02.2007.

Ferguson, M. 2006: Enterprise Data Management, Part 1. An In-Depth Look at Enterprise Information Integration (EII), 2006, URL: http://www.b-eye-network.co.uk/view-articles/3314?PHPSESSID=81ed5c9f1f610e352117b4361 bed7314, Stand: 21.02.2007.

Ferrara, A./MacDonald, M. 2002: Programming .NET Web Services, Sebastopol 2002.

Few, S. o. J.: Dashboard Confusion, A clear understanding of dashboards requires delving beneath the marketing hype, o. J., URL: http://www.intelligententerprise.com/ showArticle.jhtml?articleID=18300136, Stand: 21.02.2007.

Fritz, B./Kusterer, F. 1993: Konzeption und Ausgestaltung eines kennzahlen- und berichtsorientierten Führungsinformationssystems unter Windows, in: Reichmann, T. (Hg.): DV-gestütztes Unternehmenscontrolling. Internationale Trends und Entwicklungen in Theorie und Praxis, München 1993.

Funke, T./Rosemann, S. 2000: Ein Referenzmodell für die Implementierung einer Balanced Scorecard, in: krp-Sonderheft, 44. Jg., Nr. 2 (2000), S. 89-97.

Gabriel, R./Chamoni, P./Gluchowski, P. 2000: Data Warehouse und OLAP - Analyseorientierte Informationssysteme für das Management, in: zfbf. Schmalenbachs Zeitschrift für betriebswirtschaftliche Forschung, 52. Jg., Nr. 1 (2000), S. 74-93.

Gladen, W. 2003: Kennzahlen- und Berichtssysteme. Grundlagen zum Performance Measurement, 2. Aufl., Wiesbaden 2003.

Göpfert. I. 2002: Berichtswesen, in: Küpper, H.-U./Wagenhofer, A.: Handwörterbuch Unternehmensrechnung und Controlling, 4. Aufl., Stuttgart 2002.

Gräf, J./Glustin, O./Heinzelmann, M. 2005: Management Reporting mit geeigneter Informationstechnologie realisieren, in: IM Information Management & Consulting, 29. Jg., Nr. 2 (2005), S. 85-90.

Hahn, D./Hungenberg, H. 2001: PuK. Wertorientierte Controllingkonzepte, 6. Aufl., Wiesbaden 2001.

Hill, G. o. J.: A Guide to Enterprise Reporting, o. J., URL: http://ghill.customer.netspace.net.au/reporting/definition.html, Stand: 21.02.2007.

Hofmann, O. 2003: Web-Services in serviceorientierten IT-Architekturkonzepten, in: HMD - Praxis der Wirtschaftsinformatik, 40. Jg., Nr. 234 (2003), S. 27-33.

Horváth & Partners 2004: Studie "100 x Balanced Scorecard" 2003. Ergebnisbericht, Stuttgart 2004.

Jeckle, M. 2002: Web Services - Vision, Potential und Standards, 2002, URL: http://jeckle.de/files/iir2002.pdf, Stand: 21.02.2007.

Jonen, A./Lingnau, V./Weinmann, P. 2004: Lysios: Auswahl von Software-Lösungen zur Balanced Scorecard, 2004, URL: www.bior.wiwi.uni-kl.de/rewe/forschung/Beitraege_Controlling-Forschung/02_Lysios_BSC.pdf, Stand: 21.02.2007.

Kaib, M. 2002: Enterprise Application Integration. Grundlagen, Integrationsprodukte, Anwendungsbeispiele, Wiesbaden 2002.

Kaplan, R. S./Norton, D. P. 1996: The Balance Scorecard. Translating strategy into action, Boston 1996.

Kaura, M. N. 2002: Management Control and Reporting Systems. Harmonising Design and Implementation, New Delhi 2002.

Küpper, H.-U. 2005: Controlling. Konzeption, Aufgabe, Instrumente, 4. Aufl., Stuttgart 2005.

Leßweng, H.-P. 2003: Einsatz der Internet-Technologie im betrieblichen Berichtswesen. Eine prozessbezogene Analyse unter besonderer Berücksichtigung der Empfängerorientierung. Dissertation, Kaiserslautern 2003.

Mauer, E./Schelp, J./Winter, R. 2003: Integrierte Informationslogistik. Stand und Entwicklungstendenzen, in: von Mauer, E./Winter, R. (Hg.): Data Warehouse Management. Das St. Galler Konzept zur ganzheitlichen Gestaltung der Informationslogistik, Berlin/Heidelberg 2003, S. 3-23.

Meier, M./Sinzig, W./Mertens, P. 2003: Enterprise Management with SAP SEM/Business Analytics, Berlin/Heidelberg 2003.

Mintert, S. 2005: Implementierung von Webservices, REST vs. SOAP?, in: Wirtschaftsinformatik, 47. Jg, Nr. 1 (2005), S. 63-65.

Moitra, D./Ganesh, J. 2006: Web services and flexible business processes: towards the adaptive enterprise, in: Information & Management, Jg. 42, Nr. 7 (2006), S. 921-933.

Oehler, K. 2000: Gestaltungsoptionen bei der DV-gestützten Umsetzung einer Balanced Scorecard, in: krp-Sonderheft, 44. Jg., Nr. 2 (2000), S. 77-85.

Oppelt, R. U. G. 1995: Computerunterstützung für das Management : neue Möglichkeiten der computerbasierten Informationsunterstützung oberster Führungskräfte auf dem Weg von MIS zu EIS?, München/Wien 1995.

Pietsch, T./Memmler, T. 2003: Balanced Scorecard erstellen. Kennzahlenermittlung mit Data Mining, Berlin 2003.

Quantz, J./Wichmann, T. 2003: Basisreport Integration mit Web Services, Konzept, Fallstudien und Bewertung, 2003, URL: http://www.berlecon.de/output/studien.php?we_objectID=135 , Stand: 21.02.2007.

Reichmann, T. 2001: Controlling mit Kennzahlen und Managementberichten. Grundlage einer systemgestützten Controlling-Konzeption, 6. Aufl., München 2001.

Schiff, C. 2005: Maximize Business Performance: What's In a Name? CPM vs. BPM vs. EPM, 2005, URL: http://www.dmreview.com/article_sub.cfm?articleId=1033584, Stand: 21.02.2007.

Schmietendorf A./Lezius, J./Dimitrov, E./Reitz, D./Dumke, R. 2003: Aktuelle Ansätze für Web Service basierte Integrationslösungen, Magdeburg 2003.

Schrank, R. 2002: Neukonzeption des Performance Measurements. Der GOPE Ansatz, Sternenfels 2002.

Schwalm, S./Bange, C. 2004: Einsatzpotenziale von XML in Business-Intelligence-Systemen, in: Wirtschaftsinformatik, 46. Jg., Nr. 1 (2004), S. 5-14.

Sellentin, J. 2000: Datenversorgung komponentenbasierter Informationssysteme, Berlin/Heidelberg 2000.

Stolowy, H./Lebas, M. J. 2005: Corporate Financial Reporting. A Global Perspective, Derby 2005.

Thomas, E. 2006: What is Management Reporting from a Data Warehouse and What Does It Have to Do with Institutional Research?, 2006, URL: http://airpo.binghamton.edu/conference/jan2006/ethomas_warehouseing.pdf, Stand: 21.02.2007.

Thommen, J.-P./Achleitner, A.-K. 2001: Allgemeine Betriebswirtschaftslehre. Umfassende Einführung aus managementorientierter Sicht, 3. Aufl., Wiesbaden 2001.

Töpfer, A. 2001: Balanced Scorecard, in: Achleitner, A.-K./Thoma, G. F. (Hrsg.): Handbuch Corporate Finance. Konzepte, Strategien und Praxiswissen, Loseblattausgabe, 2. Aufl., Köln 2001.

W3C 2002: Web Services Glossary, 2002, URL: http://www.w3.org/2002/ws/arch/2/06/wd-wsa-gloss-20020605.html, Stand: 21.02.2007.

White, C. 2006: Data Integration: Using ETL, EAI, and EII Tools to Create an Integrated Enterprise, 2006, URL: http://download.101com.com/tdwi/research_report/ DIRR_Report.pdf, Stand: 21.02.2007.

Wimmer, M./Ehrnlechner, P./Kemper, A. o. J.: Flexible Autorisierung in Web Service-Föderationen, o. J., URL: http://www-db.in.tum.de/research/publications/ conferences/BTW2005FlexAuth.pdf, Stand: 21.02.2007.

Zimmermann, O./Tomlinson, M./Peuser, S. 2003: Perspectives on Web Services, Applying SOAP, WSDL and UDDI to Real-World Projects, Berlin/Heidelberg 2003.

Anhang

#	Anbieter	Dashboard-/Scorecard-Produkt	URL	Web Services zur Datenver-sorgung?
1	4GHI Solutions	CockpitCommunicator	www.4ghi.com	Ja
2	ActiveStrategy	ActiveStrategy Enterprise 6.0	www.activestrategy.com	Ja
3	Alacrity	Alacrity Results Management	www.cherniaksoftware.com	Nein
4	Arcplan Information Services AG	Arcplan Enterprise 6.0	www.arcplan.com	Ja
5	Bitam de Mexico	Artus	www.bitam.com	Keine Antwort
6	Business Objects/Chrystal Decisions	Dashboard Manager	www.germany.businessobjects.com	Nein
7	Cash Focus Pty.	20-20 balanced scorecard	www.cashfocus.com	Nein
8	Cognos	Metrics Manager	www.cognos.com	Ja
9	Corporater	Corporater Balanced Scorecard	www.corporater.com	Ja
10	CorVu	CorStrategy/CorBusiness	www.corvu.com	Ja
11	CP CORPORATE PLANNING AG	CP MIS/BSC	www.corporate-planning.com	Nein
12	CR Group	CRG Enterprise Scorecard	www.crgroup.com	Nein
13	Dialog Strategy	Dialog Strategy Balanced Scorecard	www.dialogsoftware.com	Keine Antwort
14	EFM Software	Bizzscore	www.efmsoftware.com	Ja
15	Ergometrics	ERGOMETRICS dashboard	www.ergometrics.com	Keine Antwort
16	Extensity (formerly Geac (formerly Comshare))	Extensity MPC	www.extensity.com	Keine Antwort
17	Gaiasoft/Show Business Software	Action Driven BSC	www.actionscorecard.com	Ja
18	Host Analytics	Host scorecard	www.hostanalytics.com	Keine Antwort
19	Hyperion/Brio	Hyperion Performance Scorecard	www.hyperion.com	Ja
20	Hyperspace GmbH	HyScore BSC	www.hyscore.de	Ja
21	IC Community	Dolphin Navigator System	www.iccommunity.com	Ja
22	IDS Scheer	ARIS BSC	www.ids-scheer.de	Nein
23	IFS	IFS Scorecard	www.ifsworld.com	Ja
24	Information Builders	WebFOCUS Balanced Scorecard	www.informationbuilders.com	Ja
25	InPhase Software	Performance Plus	www.inphase.com	Nein
26	Insightformation	Balance Scorecard Framework	www.insightformation.com	Ja
27	Intalev	Intalev Navigator	www.intalevnavigator.com	Nein
28	JIT Software Limited	The Performance Organiser	www.jit-software.com	Nein
29	KEF	BSC+	www.kef.de	Keine Antwort
30	Lawson	Lawson M3 Enterprise Performance Management	www.lawson.com	Keine Antwort
31	Microsoft	Microsoft Office Business Scorecard Manager 2005	www.microsoft.de	Nein
32	MIK AG	MIK-BIS / Arcplan Enterprise 6.0	www.mik.de	Nein
33	MIS GmbH	Balanced Scorecard (basiert auf MIS onVision)	www.misag.com	Ja
34	NeXance	NeXance PM	www.nexance.com	Keine Antwort
35	Ocean	SMART4PM	www.ocean.com.au	Keine Antwort
36	onDemand L.L.C.	Performance Suite (Produkt wird nicht mehr angeboten)	www.ondemandinformation.com	Produkt existiert nicht mehr
37	Online Development	PM-Express	www.pm-express.com	Keine Antwort
38	Open Ratings	SPImpact Balanced Scorecard	www.openratings.com	Keine Antwort
39	Oracle/Siebel/Peoplesoft	Oracle Balanced Scorecard	www.oracle.de	Ja
40	Performance Soft/Panorama Business View	pbviews	www.performancesoft.com	Nein
41	Pilot Software	PilotWorks	www.pilotsoftware.com	Nein
42	Pro Alpha	proALPHA MIS	www.proalpha.de	Nein
43	Procos AG	Strat&Go Balanced Scorecard	www.procos.com	Nein
44	Prodacapo	Balanced Scorecard Manager	www.prodacapo.com	Keine Antwort
45	Q-Excellence	Q-Excellence Balanced Scorecard	www.q-excellence.de	Ja
46	QPR Software	QPR Scorecard	www.qprsoftware.com	Ja
47	Rocket Software (Gentia)	Rocket Visionary	www.rocketsoftware.com	Nein
48	SAP	SEM CPM-BSC	www.sap.com/sem	Nein
49	SAS Institute	Strategic Performance Management	www.sas.com	Ja
50	Simpel	SIMPEL scorecard	www.simpel.com	Ja
51	Skymark	Pathmaker	www.skymark.com	Nein
52	SQL Power	Power*Dashboard	www.sqlpower.ca	Nein
53	Stratsys AB	Runyourcompany	www.runyourcompany.com	Keine Antwort
54	The Vision Web	Scorecard.nl	www.scorecard.nl	Keine Antwort
55	Vision Grupo Consultorues	Strategos	www.visiongc.net	Keine Antwort
56	WI Solution	BusinessNavigator	www.wisolution.de	Nein

Abbildung 15: Anbieter für Dashboard-/Scorecard-Lösungen

Lebenslauf

Persönliche Daten

Name:	Holger Waide
Geburtsdatum:	25. Oktober 1973
Geburtsort:	Halle/Saale
Familienstand:	ledig, keine Kinder
Anschrift:	Fischerring 23, 06120 Halle/Saale
Telefon:	+49 175 57 66018
E-Mail:	holger@waide.eu

Schulen, Ausbildung, Studium

10/1980 - 09/1990	Polytechnische Oberschule in Halle
10/1990 - 09/1992	Erweiterte Oberschule/Gymnasium in Halle
10/1992 - 09/1994	Stammhauslehre zum Industriekaufmann bei der Siemens AG in Leipzig, Berlin, Bocholt, München u. a.; vertriebsorientierte Ausbildung in verschiedenen Geschäftsbereichen
10/1994 - 12/1999	Studium des Wirtschaftsingenieurwesens an der Technischen Universität Dresden; Schwerpunkte: Controlling, Internationale Wirtschaftsbeziehungen, Produktionswirtschaft, Innovationsmanagement und Technologiebewertung, Mikroelektronik und Feinwerktechnik
01/2000 - 04/2000	Intensivtraining Spanisch in Cuernavaca/Mexiko
09/2001 - 05/2007	Berufsbegleitendes Fernstudium der Informatik (Fachrichtung Informations- und Kommunikationsmanagement) an der Privaten FernFachhochschule Darmstadt

Beruflicher Werdegang

02/1995 - 06/1997	Verschiedene kaufmännische und technische Werkstudenten-tätigkeiten bei der Siemens AG in Leipzig
05/2000 - 06/2000	Praktikum bei TECHNIP GERMANY GmbH, Bereich Oil and Gas Sales in Düsseldorf
06/2000 - 12/2000	Tätigkeit im Rahmen eines Stipendienprogramms der Carl Duisberg Gesellschaft bei Volkswagen de México S.A. de C.V. in Puebla/Mexiko, Bereich Produktion Automobile/Lackiererei
Seit 01/2001	Tätigkeit bei der Unternehmensberatung Accenture (ehemals Andersen Consulting), Büro Frankfurt

- Seit 03/2002 als Consultant

- Seit 09/2004 als Manager in der Service Line „Finance & Performance Management"

- Englisch, fließend
- Spanisch, gute Kenntnisse
- Russisch, Schulkenntnisse (8 Jahre)

- EDV-Kenntnisse: Office-Anwendungen, SAP R/3 (insbesondere EC-CS, FI, CO), SAP-SEM (insbesondere SEM-BCS), SAP Business Information Warehouse